ACCESO GRATIS *a la Lectura en la Nube*

Para visualizar el libro electrónico en la nube de lectura envíe junto a su nombre y apellidos una fotografía del código de barras situado en la contraportada del libro y otra del ticket de compra a la dirección:

ebooktirant@tirant.com

En un máximo de 72 horas laborales le enviaremos el código de acceso con sus instrucciones.

La visualización del libro en **NUBE DE LECTURA** excluye los usos bibliotecarios y públicos que puedan poner el archivo electrónico a disposición de una comunidad de lectores. Se permite tan solo un uso individual y privado

REFORMA A LA NORMATIVA SANITARIA PREVISIONAL; NUEVA LEY CORTA DE ISAPRES

Procedimiento de selección de originales, ver página web:
www.tirant.net/index.php/editorial/procedimiento-de-seleccion-de-originales

REFORMA A LA NORMATIVA SANITARIA PREVISIONAL; NUEVA LEY CORTA DE ISAPRES

RUBÉN ANTONIO CÁCERES PALACIOS

tirant lo blanch
Valencia, 2024

EDITA: TIRANT LO BLANCH
C/ Artes Gráficas, 14 - 46010 - Valencia
TELFS.: 96/361 00 48 - 50
FAX: 96/369 41 51
Email: tlb@tirant.com
www.tirant.com
Librería virtual: https://editorial.tirant.com/cl
ISBN: 978-84-1056-908-9

Si tiene alguna queja o sugerencia, envíenos un mail a: *atencioncliente@tirant.com*. En caso de no ser atendida su sugerencia, por favor, lea en *www.tirant.net/index.php/empresa/politicas-de-empresa* nuestro procedimiento de quejas.

Responsabilidad Social Corporativa: http://www.tirant.net/Docs/RSCTirant.pdf

Rubén Antonio Cáceres Palacios

Abogado, Licenciado en ciencias jurídicas de la Universidad Nacional Andrés Bello, postítulo diplomado en Regímenes Especiales de Responsabilidad Civil, II versión 2021 dictado por la Escuela de Derecho de la Pontificia Universidad Católica de Valparaíso. Participación como expositor en Congreso de Derecho Privado" organizado por Facultad de Derecho Pontificia Universidad Católica de Chile, con la ponencia "Responsabilidad Civil Médica y sus aspectos prácticos", "Derecho daños en las relaciones de familia" y "Conceptualización de la noción de orden público económico", respectivamente los años 2014, 2015 y 2016. Participación como exponente en XII Jornada de Derecho Civil, organizada por Universidad Gabriel Mistral con la ponencia "Derecho de Daños en el ámbito Familia: ¿aceptación o denegación absoluta? Visión Doctrinal y Jurisprudencial". Autor de libros jurídicos especializados en responsabilidad sanitaria, "Daño corporal en la responsabilidad médica, una nueva vía resarcitoria" el cual se encuentra en la biblioteca de la Suprema Corte de Justicia de la Nación México, "Código de Responsabilidad Profesional Médica con jurisprudencia y doctrina", Visión Jurisprudencial del Recurso de Protección: Alzas en planes de salud y Licencias médicas", "Lecciones preliminares de Responsabilidad Médica", "Salud y Derecho frente al Covid 19, litigios aprés la maladie" y "Código de la Salud", todos editados por editorial Hammurabi. Relator y académico en materia de responsabilidad médica en Asociación de Abogados de Chile durante el año 2019 hasta la actualidad. Dictación de charlas sobre Responsabilidad Sanitaria en Colegio de Abogados de Chile durante los años 2019 y 2020. Participación en seminarios con abogados internacionales, dictación de charla en responsabilidad médica junto a la abogada Argentina Vanesa di Cataldo, 18 de septiembre 2020. Así también, participación en seminario denominado "Daño corporal en la responsabilidad médica y covid 19, panorama Chile - Perú", organizado por la Universidad Católica del Norte, junto al jurista Peruano Enrique Varsi Rospigliosi. Expositor en Seminario sobre Responsabilidad Médica, organizado por Universidad del Desarrollo año 2021. Participación como expositor en Seminario sobre Responsabilidad médica y contingencia sanitaria organizado por la Facultad de Derecho Universidad Católica del Norte agosto 2021. Participación como ponente en

Conversatorio denominado" Responsabilidad Civil ante la falla de métodos anticonceptivos y derechos reproductivos" organizado por Centro de Estudios Jurídicos Iusta Causa octubre 2021. Participación como docente invitado en curso denominado "Responsabilidad Legal Sanitaria", impartido por la Universidad del Desarrollo, 20 octubre 2021. Publicación libro "Esquemas de Responsabilidad médica en el Derecho Chileno" por la Editorial Tirant lo Blanch, enero 2022. Lanzamiento libro mala praxis en intervenciones quirúrgicas y casos prácticos en responsabilidad médica por editorial Hammurabi año 2023. Director del boletín jurisprudencial en derecho sanitario por editorial Tirant lo Blanch.

Índice

I. INTRODUCCIÓN

Un tema contingente en los medios de comunicación desde hace un tiempo a la fecha, ha sido el asunto relativo al quehacer de las Instituciones de Salud Previsional ISAPRES, en particular dice relación a su futuro en nuestro ordenamiento previsional, esto en razón de la reciente jurisprudencia emitida por la excelentísima Corte Suprema a criterios y resoluciones respecto a los contratos de salud entre los afiliados y las entidades señaladas, cumplimiento de las condiciones de los planes de salud y por sobre todo la aplicación de normativa vigente aplicable a dichos vínculos previsionales, teniendo su regulación en el Decreto con Fuerza de Ley Nº 1 del año 2005 del Ministerio de Salud y otras normas administrativas. Desde hace larga data ha venido extendiendo la judicialización en materia previsional por las adecuaciones que realizan las Isapres respecto de los contratos de salud de los afiliados, es importante a resaltar los contratos de salud aludidos presentan como características una relación contractual marcada fundamentalmente por elemento riesgo, y elemento riesgo que viene dotado y acompañado de otro elemento no menos relevante como lo es la eventualidad de que ocurra un hecho que concatene un daño y se provoque la consecuencial relación de causalidad en el caso de esta relación contractual es que el afiliado padezca alguna de las patologías cubiertas por ejemplo por las garantías explícitas en salud (GES) en su plan de salud y por lo tanto operar la cobertura, entonces estamos en presencia de un contrato que mira siempre hacia el futuro y de largo plazo en cuanto a su operatividad para con el afiliado eso es por parte del afiliado más no por parte de la entidad previsional ya que sus costos deben ser cubiertos desde la suscripción de la relación contractual-previsional.

Asimismo, hacer presente que este escenario que hemos señalado ha dado lugar a la valoración y utilización de la acción constitucional de protección, regulada en nuestra carta fundamental en su artículo 20, y que ha conllevado a que los afiliados manifiesten por medio de dicha acción la molestia a que se trastocaran sus planes de salud, lo cual llevó como consecuencia una abundante cantidad de fallos en que se resuelve por las Cortes de Apelaciones de nuestro país, que aquella conducta de las entidades fuese ponderada como arbitraria y que importa afectación directa del derecho de propiedad de los afiliados recurrentes, derecho protegido por el artículo 19 N° 24 de la Carta Fundamental, desde que lo actuado importa una disminución concreta y efectiva en el patrimonio de ésta, al tener que soportar una injustificada carga derivada del mayor costo de su contrato de salud, circunstancia que, además, incide en que el derecho de afiliación se torne de difícil materialización, puesto que si los aumentos hacen excesivamente gravosa la permanencia en el sistema, el interesado puede verse compelido a trasladarse al sistema estatal de salud.

En relación al contrato de salud en cuestión del presente análisis, podemos señalar preliminarmente que su regulación la encontramos en el DFL N° 1, año 2005 del Ministerio de Salud, normativa en virtud de la cual encontramos las directrices del contrato, contenido y condiciones a contemplar en dicho vínculo previsional, y es así como el artículo 189 del cuerpo normativo regulatorio y enunciado anteriormente dispone que "*En este contrato, las partes convendrán libremente las prestaciones y beneficios incluidos, así como la forma, modalidad y condiciones de su otorgamiento.*

II. ANTECEDENTES PRELIMINARES Y CONTEXTUALIZACIÓN DE LA LEY CORTA DE ISAPRE

Tal como lo hemos descrito en párrafos anteriores, uno de los factores es la judicialización de las controversias generadas en relación al proceso de adecuación de los contratos de salud previsional, pero además debemos señalar como factor fundamental dentro de esa judicialización la jurisprudencia reciente de la Excelentísima Corte Suprema en virtud de fallos relacionados a acciones de protección interpuestos en virtud de la aplicación de tablas de factores a los contratos de salud previsional, en las causas Rol N° 14.513-2022 y N° 16.630-2022, N° 13.981-2022, N° 12.150-2022; N° 91.300-2022; Rol N° 16.497-2022, todas Corte Suprema. En cuanto al contexto normativo con fecha 11 de diciembre 2019, la Superintendencia de Salud, dicta la circular IF/N° 343, y que tal como lo expresa la circular el objetivo de su dictación fue introducir mayor solidaridad en el sistema privado de salud previsional mediante la creación de una tabla única de factores que elimina la discriminación de precio basada en el sexo y restringe aquella fundada en la edad. Recordar que dentro del contrato de salud encontramos la figura del precio base del plan, así como el precio final del plan, en relación al precio base de cada plan de salud ofrecido por las ISAPRES a sus eventuales afiliados, sería el mismo precio base para todos aquellos que contraten el mismo plan y además teniendo presente que accediendo a ese plan el monto va a variar en razón del número, sexo o la edad de los contratantes y sus beneficiarios, manteniéndose en una suma constante, esto es lo que debemos entender por el precio base, a diferencia de lo que ocurre con el concepto de precio final, se obtiene de multiplicar el respectivo precio base por el factor que corresponde al afiliado o beneficiario de acuerdo a la respectiva tabla de factores (artículo 170 m) DFL N° 1/2005 Minsal).

Por lo cual, con la dictación de la circular en comento por la Superintendencia de Salud, que establece esta tabla única de factores, es que como ya vimos va a tener influencia en el valor del precio final del plan, por lo cual es de suma relevancia que la revisión y adecuación del contrato de salud se ajuste a la lex artis previsional que rige su accionar, y en este caso la circular que establece la tabla de factor única, se incorpora a ese entramado normativo cuyo fin era establecer eliminación de la discriminación por sexo y asimismo, restringir la discriminación por edad en la fijación de los factores, todo aquello en virtud de y tal como lo dispone el artículo 170 letra n) DFL N° 1/2005 Minsal "*La expresión tabla de factores por aquella tabla elaborada por la Institución de Salud Previsional cuyos factores muestran la relación de precios del plan de salud para cada grupo de personas, según edad, sexo y condición de cotizante o carga, con respecto a un grupo de referencia definido por la Superintendencia, en instrucciones de general aplicación, el cual asumirá el valor unitario. Esta tabla representa un mecanismo pactado de variación del precio del plan a lo largo del ciclo de vida, el que es conocido y aceptado por el afiliado o beneficiario al momento de suscribir el contrato o incorporarse a él, según corresponda, y que no podrá sufrir variaciones en tanto la persona permanezca adscrita a ese plan*". La tabla única de factores establecida por la circular IF/343 de la Superintendencia de Salud es la siguiente:

Tramos de Edad	Cotizantes	Cargas
0 a menos de 20 años	0,6	0,6
20 a menos de 25 años	0,9	0,7
25 a menos de 35 años	1,0	0,7
35 a menos de 45 años	1,3	0,9
45 a menos de 55 años	1,4	1,0
55 a menos de 65 años	2,0	1,4
65 y más años	2,4	2,2

Teniendo en conocimiento y nuestro horizonte normativo previsional de la existencia, vigencia de la tabla única de factores que ha establecido la Superintendencia de Salud, siguiendo con el análisis a la jurisprudencia que dio origen a la reforma legislativa en cuestión en el presente trabajo, indicar que en los roles que ya hemos individualizado en párrafo anterior, que lo que motiva a los afiliados a recurrir ante la Corte de Apelación respectiva, es en relación a la aplicación de dicha tabla de factores para efectos de arribar al valor del plan final que conlleva el contrato de salud previsional para con la Isapre, tal como resuelve la Excma Corte Suprema en fallo Rol 14513-2022, en su considerando Vigésimo primero" *Que, como se ha adelantado, la Tabla de Factores empleada por la entidad recurrida mantiene el esquema de diferenciación por sexo y edad en dieciocho tramos que el Tribunal Constitucional estimó contrario a la garantía de la igualdad ante la ley del N° 2 del artículo 19 de la Carta Magna. Además, dicha tabla de factores difiere no sólo en su estructura, sino también en sus guarismos, de los términos de la Tabla Única contenida en la Circular IF/ N° 343 de la Superintendencia del ramo, antes transcrita, que no diferencia por sexo, mantiene apenas 7 tramos etarios y establece un factor de 1,4 para cotizantes en edades equivalentes a la de la recurrente*".

Y en su considerando Vigésimo segundo "*Que por lo recién expresado, si bien el mecanismo de determinación del precio final del contrato de salud individual de la recurrente, esto es, la multiplicación del precio del plan base por la suma de los factores del grupo familiar, es conforme a la ley vigente, lo cierto es que la recurrida, al considerar en ese procedimiento una tabla de factores que distingue por sexo entre 18 grupos etarios, incurre en un acto ilegal y arbitraria, pues las disposiciones que permitían esa clase de discriminaciones fueron derogadas por la sentencia del Tribunal Constitucional Rol N° 1.710-10, por infringir la garantía de igualdad ante la ley del artículo 19 N° 2 de la Carta Fundamental. Este carácter discriminatorio de la tabla de factores empleada por la recurrida produce un alza irrazonable del valor del precio final del contrato de salud de la recurrente, como se constata al comprar la suma de factores del grupo familiar que de su aplicación resulta en el caso concreto con la que resulta de la aplicación de la contenida en la Circular IF/N.º 343 de la Superintendencia de Salud, razón suficiente para acoger el presente recurso, en los términos que se señalará en lo dispositivo de esta sentencia".*

Es así como establece el fallo referido la causalidad entre la utilización de parámetros que diferían de lo estatuido en la circular IF/N.º 343 de la Superintendencia de Salud, y la tabla única de factores, que implicó un alza del precio final del contrato de salud del afiliado por lo cual determina la ilegalidad y arbitrariedad por los argumentos esgrimidos en el fallo y que se ordena por la Excma. Corte Suprema que:

- Se deja sin efecto la tabla de factores que la recurrida, tiene asociada al plan de salud contratado por la recurrente;
- Se deja sin efecto la aplicación de dicha tabla de factores para calcular el precio final de todos los contratos de salud individual administrados por la Isapre;
- En su lugar, Isapre, deberá calcular el precio final de todos los contratos de salud que administre, multiplicando valor del plan base correspondiente por la suma de los factores del grupo familiar, aplicando para ello la Tabla Única de Factores contenida en la Circular IF/Nº 343 de la Superintendencia de Salud;
- La aplicación del procedimiento anterior no podrá importar un alza del precio final de los contratos de los afiliados a la recurrida, respecto del fijado al momento de ejecutoriarse esta sentencia;
- Una vez calculado el precio final de los contratos individuales, aplicando la Tabla Única de Factores contenida en la Circular IF/Nº 343 de la Superintendencia de Salud, sólo podrá autorizarse un alza del precio final de dichos contratos cuando se funde en la incorporación de nuevas cargas o beneficiarios y la suma de los factores de riesgo del grupo familiar allí previstos así

lo determine, alza cuyo cobro se suspenderá hasta que la nueva carga cumpla dos años de edad en caso de ser no nata o menor de esa edad;

- La Superintendencia de Salud, en ejercicio de sus facultades de fiscalización y dentro del plazo de seis meses, determinará el modo de hacer efectiva la adecuación del precio final de todos los contratos de salud administrados por la recurrente a los términos de la Tabla Única de Factores contenida en la Circular IF/ Nº 343;
- La Superintendencia de Salud dispondrá, además, las medidas administrativas para que, en el evento de que la aplicación de la Tabla Única de Factores contenida en la Circular IF/Nº 343 de la Superintendencia de Salud determine un precio final del contrato inferior al cobrado y percibido por la recurrida, las cantidades recibidas en exceso y cuyo cobro no esté prescrito sean restituidas como excedentes de cotizaciones.

III. CONTENIDO MÍNIMO DEL CONTRATO DE SALUD PREVISIONAL

- Las Garantías Explícitas relativas a acceso, calidad, protección financiera y oportunidad contempladas en el Régimen General de Garantías en Salud;
- El Plan de Salud Complementario
- Forma en que se modificarán las cotizaciones y aportes, prestaciones y beneficios, por incorporación o retiro de beneficiarios legales del grupo familiar.
- Mecanismos para el otorgamiento de todas las prestaciones y beneficios que norma esta ley y de aquellos que se estipulen en el contrato.
- Precio del plan y la unidad en que se pactará, señalándose que el precio expresado en dicha unidad letra solo podrá variar una vez cumplidos los respectivos períodos anuales.
- Montos máximos de los beneficios para cada beneficiario, si los hubiere, o bien, montos máximos establecidos para alguna o algunas prestaciones, si fuere del caso.
- Restricciones a la cobertura.
- Estipulación precisa de las exclusiones, si las hubiere.

Asimismo, dicho cuerpo normativo dispone en su artículo 197 que en lo que respecta al tiempo de duración de lo pactado en el contrato así también como las causales de término del vínculo, estos "deberán ser pactados por tiempo indefinido, y no podrán dejarse sin efecto durante su vigencia, sino por incumplimiento de las obligaciones contractuales o por mutuo acuerdo". No obstante, ello encontramos a su vez que la Isapre tendrá en esta relación como facultad la de revisar el contrato de salud, "pudiendo sólo modificar el precio base del plan...en condiciones generales que no importen discriminación entre los afiliados de un mismo plan...Las revisiones no podrán tener en consideración el estado de salud del afiliado y beneficiario.". Es importante señalar que en virtud de lo dispuesto en el artículo 170 letra m) del DFL N° 1/2005 del Ministerio de Salud, en que se hace referencia a la distinción que existe entre precio base y precio final de los planes de salud que comprenden como objeto del contrato de salud previsional, decir que el precio base es único y como su nombre lo dice es de carácter estable, cuya aplicación es para todos los afiliados que accedan o tengan un mismo plan y, cuando se refieren al precio final, cuya naturaleza es variable, porque va a depender su valor en razón por una parte de la cantidad de personas beneficiarias de un contrato y por otra del factor de edad que les corresponda a dichas personas beneficiarias.

Facultad que por una parte del análisis nos lleva a pensar que existe una relación de verticalidad entre ambas partes involucradas en la relación previsional, dado que será la entidad quien revisará y podrá adecuar el contrato que por ley así se permite, pero además quedando en su órbita de actuación el cumplimiento de las limitantes que establece la regulación y en caso que se generen cambios al plan de salud, como lo es aumentar su valor, tener en consideración los límites que establece la ley, y finalmente será la Superintendencia de Salud quién velará por el cumplimiento, pero a lo que voy con señalar lo antes descrito es en razón de que es una de las partes involucradas quien analizará lo pactado, actualizando valores, prestaciones y coberturas así como también la aplicación de tablas de factores, entre otras gestiones, para así determinar el valor final del plan de salud con la debida justificación del porqué del valor final, en aplicación del principio de información que existe en toda relación, tal como dispone la norma en análisis, "estas condiciones generales deberán ser las mismas que se estén ofreciendo a esa fecha a los nuevos contratantes en el respectivo plan. La infracción a esta disposición dará lugar a que el contrato se entienda vigente en las mismas condiciones generales, sin perjuicio de las demás sanciones que se puedan aplicar.

Es a propósito de esta facultad de adecuación y de revisión de los contratos de salud que se ha generado un escenario de judicialización respecto a ello, no por ese solo hecho ya que dijimos que es una facultad establecida por el legislador previsional, y en ese sentido no habría cuestionamiento a aquello, es la dificultad que genera para el paciente que solo recibe la información final de todo este proceso en el cual la entidad previsional ejerce dichas prerrogativa, mencionando desde ya el sistema previsional mixto que rige en nuestro ordenamiento, esto es, público o privado, y ante este escenario de cosas recibir por parte del afiliado esta nueva evaluación del contrato de salud por el suscrito y que pueda existir que se aumente el valor y no le permite mantener dicho plan debido a su capacidad económica, lo que conlleva a la situación de tener que acceder a otro plan de salud o finalmente está también la posibilidad de emigrar al sistema público, y es allí donde entra en juego el cuestionamiento por parte del afiliado que es lo menos que pudiese realizar ya que su participación se disminuye a ser receptor de la información de la adecuación, informarse sobre el proceso y las circunstancias que fundamentarían dicha actuación y las posibilidades que le quedan ante el statu quo de cosas allí descritas, es que se desencadena el proceso de judicialización que es unos de los fundamentos entre otros del proyecto de ley que nos adentraremos a lo largo del presente trabajo en su análisis detallado, judicialización que trae consigo por una parte como ya adelantábamos la utilización y valorización de la acción que resguarda los derechos fundamentales consagrados en nuestra Constitución Política de la República, como lo es la acción de protección, herramienta legal que se constituye como un mecanismo de resguardo de derechos fundamentales que sean vulnerados, permitiendo el acceso a toda persona, sea natural o jurídica, para recurrir ante una Corte de Apelaciones, tribunal superior de justicia cuando sus derechos sean vulnerados por un tercero, por una conducta u omisión (inactividad o actitud pasiva) arbitraria (por mero capricho de quien incurre en él) e ilegal (contrario a la ley u ordenamiento jurídico vigente), asimismo, se constituye su relevancia al dar efectivo resguardo tanto a una acción lesiva a un derecho fundamental como así también a una conducta pasiva de igual forma lesiva, resguardando derechos como la vida, integridad física y psíquica, protección vida privada y a la honra de su persona y familia, el derecho de cada persona de elegir el sistema de salud al que desee acogerse sea público o privado.

Por otra parte, esta judicialización trae como consecuencia que se ventilen gran cantidad de causas en nuestras Cortes de Apelaciones, tal como lo cita el proyecto de ley en relación a discurso del presidente de la Excelentísima Corte Suprema el 1° de marzo 2023, "durante el 2022 superaron las 668 mil (668.916) causas, expresando un incremento mayor al 186 por ciento respecto al año 2021. Este superávit, señaló, se explica por el significativo aumento de recursos de protección interpuestos contra ISAPRE", y teniendo presente que se trata de una acción de rápida resolución, lo que esa eficiencia aumente el proceder por parte de los afiliados, lo que conlleva a pensar que uno salida aquello sería el dotar de mayores facultades a una entidad administrativa que pudiese zanjar dichas controversias en relación a la adecuación del proceso, en este caso, sale a la luz la figura de la Superintendencia de Salud, tal como lo dispone el artículo 114 del DFL N° 1/2005 Minsal, en concordancia con lo preceptuado en los artículo 189 y 198 "La supervigilancia y control de las instituciones de salud previsional que le corresponde a la Superintendencia, la ejercerá a través de la Intendencia de Fondos y Seguros Previsionales de Salud", ..."Anualmente, la Superintendencia de Salud deberá calcular los índices de variación de los costos de las prestaciones de salud, de variación de la frecuencia de uso experimentada por las mismas y de variación del costo en subsidios por incapacidad laboral del sistema privado de salud. Asimismo, deberá incorporar en el cálculo el costo de las nuevas prestaciones y la variación de frecuencia de uso de las prestaciones, que se realicen en la modalidad de libre elección de FONASA y cualquier otro elemento que sirva para incentivar la contención de costos del gasto en salud... El índice de variación porcentual así fijado se entenderá justificado para todos los efectos legales".

IV. ANÁLISIS PROYECTO DE LEY

En el presente apartado entraremos directamente al análisis detallado de la reforma legislativa, en orden a abarcar cada uno de los puntos a reformar en el ordenamiento jurídico previsional vigente hasta ahora, y recordando los ya fundamentos jurisprudenciales que motivaron la reforma, en orden a poder realizar la aplicación de las medidas decretas por la Excma. Corte Suprema en dicha jurisprudencia reciente, en vía de dar cumplimiento a los afiliados que se vieron afectados en sus contratos de salud, en virtud de los cuales los valores inmersos en los mismos no habían sido efectuados realizando la aplicación irrestricta de la tabla única de factores fijada en la Circular IF/N° 343 de la Superintendencia de Salud. Asimismo, podemos observar que de las medidas establecidas por la Excma. Corte Suprema en la jurisprudencia, es que nace de la lógica el hecho de radicar en la Superintendencia de Salud la labor de llevar a cabo la resolución y aplicación de lo resuelto en la jurisprudencia, labor no menor considerando plazo de 6 meses, así como también el impacto económico en el quehacer de las Instituciones de Salud Previsional en nuestro país, al establecer la cantidad de contratos de salud afectados por la no aplicación de la tabla única de factores, su cuantificación en dinero y generar los mecanismos de devolución así como también de adecuación de los contratos a la actualidad, lo que conlleva asimismo, y que nos lleva a pensar que ello puede significar que afiliados del sistema privado emigren al sistema público debido a este mismo hecho que plantea la reforma en conjunto con la jurisprudencia previsional, esto llevaría a pensar que la figura del Fondo Nacional de Salud (FONASA) por una parte el cuestionamiento lógico de pensar si está lo suficiente preparado la entidad pública para asumir el posible éxodo de afiliados y consecuencialmente poder dar la cobertura para otorgar la satisfacción que esperan los nuevos afiliados y que aquello no complique a quienes ya se encuentran en este sistema público, por ello que es la presente reforma legislativa que contempla fortalecer la figura de FONASA, como veremos en el análisis que procede.

V. NORMATIVA SUPERINTENDENCIA DE SALUD-CÁLCULO

Para los efectos del cálculo en los contratos de salud afectados la Superintendencia de Salud, a través del documento[1] denominado metodología de cálculo para estimar los montos de cotizaciones a restituir por Isapre, en el contexto de la aplicación de los fallos de la Excma. Corte Suprema por tabla de factores, determinando preliminarmente el transcurso de tiempo a trazar en la afectación de los contratos desde la vigencia de la circular en cuestión, abril del año 2020 hasta el mes de noviembre año 2022. Así también para el cálculo, se indica en dicho documento que "*Los cálculos para cada contrato de salud deben efectuarse mensualmente dentro del período de análisis, contrastando para cada mes el precio actual del plan complementario con el precio nuevo determinado con la Tabla Única de Factores, teniendo presente que el precio nuevo se aplica sólo en la medida que sea inferior al actual.*

El cuerpo normativo de suma importancia en nuestro país en la materia que convoca el presente trabajo es el Decreto con Fuerza de Ley N° 1/2005 del Ministerio de Salud, ya que viene en establecerse como la lex artis en materia de regulación de contratos de salud previsional, de las Instituciones de Salud Previsional, así como la orgánica y facultades de la Superintendencia de Salud entre otras normas de gran relevancia en materia sanitaria y administrativa en nuestro ordenamiento jurídico.

El artículo primero del proyecto justamente plantea reformas al DFL N° 1/2005 Minsal, a diferentes normas relativas a la materia, para que pueda aplicarse en general el objetivo del presente proyecto de ley, en primer lugar, tenemos la modificación al artículo 50 del cuer-

---

1 https://www.supersalud.gob.cl/documentacion/666/articles-23394_recurso_1.pdf

po normativo antes señalado, recordando que dicho artículo regula las funciones del Fondo Nacional de Salud, y ampliar su actuación en virtud del establecimiento de la nueva modalidad de cobertura complementaria que como veremos más adelante se incorpora la participación de compañías de seguro y un proceso de licitación al respecto que realizará Fonasa.

Intercálase, en el inciso primero del artículo 50, el siguiente literal g), nuevo, pasando los actuales literales g) y h) a ser literales h) e i), respectivamente:

"g) Velar por el correcto funcionamiento de la licitación, contratación e implementación de la Modalidad de Cobertura Complementaria en los términos a que se refieren los artículos 144 bis y siguientes de esta ley. Para estos efectos, le corresponderá, entre otras funciones, elaborar la o las pólizas de seguro que deberán observar las compañías de seguro que otorguen la mencionada cobertura y depositarlas en la Comisión para el Mercado Financiero, conforme a las disposiciones de la letra e) del artículo 3° del decreto con fuerza de ley N° 251, de 1931, del Ministerio de Hacienda, sobre compañías de seguro, sociedades anónimas y bolsas de comercio.

Asimismo, el Fondo Nacional de Salud podrá ejecutar todas las acciones necesarias para procurar la contratación del seguro por las personas beneficiarias señaladas en el artículo 144 bis;".

VI. FACULTADES SUPERINTENDENCIA DE SALUD-CONTRATOS DE SALUD

Respecto al artículo 107 reitero que todo artículo mencionado se refiere al cuerpo normativo ya individualizado, este artículo 107 se refiere a las funciones de la Superintendencia de Salud en vía de supervigilar y controlar a las Instituciones de Salud Previsional ISAPRES, en orden a que se dé cumplimiento a las obligaciones que tienen estas últimas en relación a las garantías explícitas en salud GES, contratos de salud previsional y la normativa aplicable en esa materia, y así como también en su inciso segundo establece la supervigilancia sobre Fonasa, y es por ello que la reforma complementa el inciso 2 de este artículo 107 en el sentido de disponer que "*Intercálase, en el inciso segundo del artículo 107, entre las frases "de libre elección," y "lo que la ley establezca", lo siguiente: "y de cobertura complementaria, sin perjuicio de las facultades de la Comisión para el Mercado Financiero respecto de las compañías de seguro*", como ya advertimos que estamos en el marco normativo de la Superintendencia de Salud y sus facultades de supervigilancia sobre las Isapres, por lo cual se amplía el espectro de facultades al incorporarse esta nueva modalidad de atención del afiliado al sistema público de cobertura complementaria, la que a su vez vendrá complementada y concordada con las reformas de los siguientes artículos.

VII. CREACIÓN CONSEJO CONSULTIVO PREVISIONAL Y FUNCIONES

Se incorpora, artículo 130 bis, dispone la creación de la figura del Consejo consultivo de seguros previsionales, por medio de la integración del capítulo VIII del cuerpo normativo en análisis, cuyo carácter es de prestar servicios de asesoría, cuyo destinatario de esa asesoría será la Superintendencia de Salud en su faz y aplicación de sus facultades ya existentes como las que se incorporan en el proyecto analizado en su desempeño de supervigilar y fiscalizar a las Instituciones de Salud Previsional, y dentro de las materias que ya señalamos a la autoridad sanitaria con las Isapres, en este caso para la labor del consejo sería la asesoría en materia de los precios que tengan que aplicar y llevar a cabo las Isapres por conceptos de las garantías explícitas en salud GES, generando los insumos analíticos por medio de informes, opiniones, estudios y propuestas que finalmente hagan a la Superintendencia en carácter no vinculante lo cual es evidente ya que restaría valor al carácter supervigilante y fiscalizador entregar de lleno esa labor a un órgano creado con objeto de la presente reforma, sino que al ampliar el espectro de situaciones a cubrir y analizar por la autoridad sanitaria se hizo necesaria la incorporación y creación de este órgano de carácter técnico. Se concuerda con las funciones del Consejo lo dispuesto en artículo quinto transitorio de la presente reforma, asesorar a la Superintendencia de Salud tanto en los planes de pago y ajustes que presenten las Instituciones de Salud Previsional y las modificaciones a los precios de los planes de salud que se efectúen de conformidad a esta ley.

Así también en la nueva regulación del capítulo VIII, y como es de toda lógica se debe contemplar la regulación de quien compondrá dicho consejo, es en su artículo 130 ter que dispone su conformación, profesionales en el área de la salud así como en el derecho sanitario, así como su forma de elección "*Estas designaciones se realizarán a partir de una terna propuesta para cada cargo por el Consejo de Alta Dirección Pública, de conformidad al procedimiento establecido en el Título VI de la ley Nº 19.882".* Así también su duración en el cargo será de 3 años desde aquel nombramiento prorrogable por un periodo más, y por el ejercicio del cargo percibirán una remuneración por dichos servicios, que toma el nombre de dieta de un valor de 15 uf por cada sesión a la que concurran para el ejercicio de su labor de asesoría, y un máximo de 60 uf por cada mes calendario. Respecto de las incompatibilidades con cargos para ser consejeros, son las establecidas en el artículo 130 quáter cargos como, "*diputado, senador, delegado presidencial regional o provincial, alcalde, concejal, gobernador regional, consejero regional, miembro del escalafón primario del Poder Judicial, fiscal del Ministerio Público, funcionario del Banco Central de Chile, miembro de las Fuerzas Armadas y de Orden y Seguridad Pública y miembro de los órganos de dirección de los partidos políticos*". Asimismo, los miembros del consejo tendrán como inhabilidad y que guarda directa relación con su ejercicio en la asesoría y por sobre todo en la materia que se está realizando la reforma, no podrán asesorar a Isapres mientras ejerzan en el cargo, así como también la inhabilidad de ejercer el cargo cuando existe conflicto de interés de alguno de los miembros, los cuales han sido descrito por el artículo 130 quinquies, y serían las siguientes:

- Si en los últimos cinco años han ocupado los cargos de directores, gerentes, administradores, ejecutivos principales de una Institución de Salud Previsional o de un Prestador Institucional de Salud relacionado según lo dispuesto en el artículo 100 de la ley Nº 18.045;
- Si en los últimos dos años, como persona natural o a través de sociedades de personas de las que los integrantes del Consejo formen parte; o en sociedades comanditas por acciones, anónimas cerradas en que aquéllos o éstas sean accionistas, o en sociedades anónimas abiertas en que aquéllos o éstas sean dueños de acciones que representen el 10% o más del capital, han prestado

servicios de asesoría en materia de aseguramiento de prestaciones de salud, cualquiera sea la naturaleza del vínculo a una Institución de Salud Previsional o a un Prestador Institucional de Salud relacionado según lo dispuesto en el artículo 100 de la ley Nº 18.045; o hayan sido gestores de intereses de las mismas instituciones, por sí o por terceras personas o sociedades;

- Tener interés económico personal en uno o más de los aspectos o asuntos que le corresponde conocer en el ejercicio de su función, o tenerlo su cónyuge o conviviente civil, hijos o parientes hasta el cuarto grado de consanguinidad y segundo de afinidad, inclusive, o una persona jurídica, en la que tenga, directa o indirectamente, el diez por ciento o más de la participación, acciones o derechos, cualquiera sea su tipo, o ejerza en ella funciones de administración y/o control; Acá, es la misma norma que establece que no sería interés económico personal si el consejero o alguno de los parientes señalados es o haya sido afiliado o beneficiario del sistema privado de salud.
- Participar, directa o indirectamente, en un prestador institucional de salud privado relacionado con una o más Instituciones de Salud Previsional, según lo dispuesto en el artículo 100 de la ley Nº 18.045. Se incluye en esta inhabilidad cualquier tipo de participación que genere beneficios económicos a la persona integrante del Consejo o a las personas naturales o jurídicas indicadas en el numeral precedente.

Respecto al desempeño de consejero, como toda designación, se debe al irrestricto cumplimiento de sus funciones y que dicho desempeño se ajuste las disposiciones regulatorias que establecen sus límites de actuación, por lo que en la normativa del artículo 130 sexies se establecen las causales para cesar en el cargo, como lo son:

- Expiración del período para el que fue nombrado;

- Renuncia voluntaria;
- Condena a pena aflictiva; (Señala la norma cese inmediato)
- El fallecimiento de la persona; (Señala la norma cese inmediato)
- Incapacidad psíquica o física sobreviniente para el desempeño del cargo; (Señala la norma cese inmediato)
- Incurrir en alguna causal de inhabilidad o incompatibilidad a las que se refieren los dos artículos anteriores;
- Incumplimiento grave y manifiesto de las normas sobre probidad administrativa. Se entenderá como tal el incumplimiento de las normas señaladas en el artículo 130 septies, y particularmente, el incumplimiento del deber de abstención señalado en el mismo;
- Falta grave al cumplimiento de las obligaciones como consejero. Se entenderá como falta grave, entre otras, la inasistencia injustificada a dos sesiones consecutivas o a cuatro sesiones del Consejo, durante un mismo año calendario, así como el incumplimiento del deber de reserva y secreto establecido en el artículo 130 octies.

En cuanto a las sesiones y convocatoria de las mismas, queda en manos del superintendente de salud con la periodicidad de una vez cada 2 meses reunirse para efectos de llevar a cabo las funciones propias del consejo, pudiendo evidentemente ser oído la autoridad sanitaria en cada sesión y que lo estime pertinente, requiriendo para sesionar un quorum mínimo de 3 miembros y los acuerdos serán con el quorum de mayoría simple de los asistentes, debiendo quedar en un acta todo lo acordado y materias tratadas en cada sesión y las intervenciones respectivas, información que queda sujeta tal como dispone la reforma" *de conformidad a lo previsto en la ley Nº 20.285, sobre acceso a la información pública*". Todo el desarrollo del ejercicio de las funciones del consejo, serán regidas por medio de reglamento dictado al efecto por la autoridad sanitaria (Ministerio de Salud), y describir en mayor detalle la normativa administrativa que será su lex artis.

VIII. INCORPORACIÓN MODALIDAD COBERTURA COMPLEMENTARIA

A continuación se presente en la reforma el reemplazo del artículo 142 por lo siguiente " *Reemplázase el artículo 142 por el siguiente: "Artículo 142.- No obstante lo dispuesto en el artículo 141, las personas afiliadas y las personas beneficiarias que de ellos dependan, podrán optar por atenderse bajo las modalidades de Libre Elección o de Cobertura Complementaria que se establecen en los artículos siguientes. En estos casos, podrán elegir al prestador de salud que, conforme a la modalidad respectiva, otorgue la prestación requerida.".* Esta propuesta viene en plasmar la idea y objetivo del proyecto de fortalecer la figura del prestador público, así como también generar mayor beneficio para los afiliados al plantearles un panorama más amplio en su relación afiliado-ente previsional, considerando también lo dispuesto en los artículos creados al efecto como los son 144 bis y ter respectivamente que dan cuenta de la consideración y acceso a la nueva modalidad de cobertura. Ante este nuevo escenario de la incorporación y creación de la nueva modalidad de cobertura que como veremos adelante entra en juego la participación de compañía de seguros en conjunto con Fonasa para poder entregar esta cobertura y prestaciones sanitarias en privados, para ello la reforma establece que podrán acceder a aquel cobertura los afiliados a Fonasa categoría B, C y D que hayan efectuado cotizaciones de salud por un plazo de 6 meses, con la excepción de los trabajadores independientes *requerirán que el monto pagado por cotizaciones de salud sea al menos el equivalente a doce cotizaciones legales de salud por el ingreso mínimo mensual.*

Modalidad de cobertura complementaria, propuesta en el artículo 144 ter de la reforma, acabamos de hablar sobre quienes pueden acceder y requisitos para su incorporación, pero que se debe entender por esta modalidad? Bueno hablaremos de la modalidad en razón de sus beneficios, permitiendo acceder a prestaciones sanitarias de carácter ambulatorio como hospitalizaciones con un arancel establecido (arancel será fijado a propuesta de Fonasa por medio de resolución del Ministerio de Salud), cuyo financiamiento será además de la cotización legal se suma una prima adicional, por lo cual la figura de financiamiento será por una parte la concurrencia de Fonasa, por otra la compañía de seguro que otorgue la cobertura para esta modalidad y su consecuencial suscripción de póliza, y el afiliado en copago de lo restante a cubrir.

IX. FACULTADES DE FONASA

Continuando con el análisis del financiamiento en esta modalidad y que guarda directa concordancia con la coexistencia entre Fonasa y compañía de seguro, tendremos presente la figura de un seguro catastrófico regulado en el artículo 144 quáter de la reforma, que vendrá a cubrir los "*copagos derivados de un determinado problema de salud y de cargo de la persona beneficiaria que superen, dentro de un año calendario, el deducible respectivo*". Pero también hacer presente que por otra parte el seguro no será aplicable a las prestaciones cubiertas por la Ley 19.966 GES ni tampoco por la Ley 20.850 Ley Ricarte Soto.

X. OBLIGACIONES DEL AFILIADO

Lo interesante del nuevo artículo 144 quinquies es la obligación que pesa sobre el afiliado que acceda a la modalidad de cobertura complementaria antes referida, de inscribir en esta modalidad en referencia al artículo 136 letra b) y c) en concordancia con letras a) y d) del artículo 135 todos del DFL N° 1/2005 Minsal, agregando la figura del conviviente civil, debiendo costear tanto su prima (cotización para todo efecto como afiliado personal así como cada persona de las mencionadas que inscriba en la nueva modalidad de cobertura (cargas legales), pero teniendo presente que será la misma prima para cada persona sin discriminación alguna, sin importar su edad, sexo ni condición de salud, no obstante lo dispuesto en el articulado en caso de haber dejado de tener acceso, e inscribirse nuevamente deberá solucionar las eventuales deudas que se hubiesen generado en sus periodos anteriores que fue parte de esta modalidad, lo cual se torna lógico en razón de esta participación de la compañía de seguro y acción de cobrar saldos insoluto pero por otra parte si solo priva para incorporarse aquella modalidad de cobertura, ya que podría darse el caso en que exista este escenario de deudas y volver a inscribirse pero en modalidad libre elección.

Habíamos adelantado el hecho de que Fonasa licitaría el otorgamientos de la cobertura complementaria para las compañías de seguro, y estos nuevos artículos 144 sexies al octies que describen pormenorizadamente del proceso de licitación, las bases de la licitación, los requisitos que deberán sujetarse las compañías de seguro que participen en él, las condiciones de financiamiento, las sanciones en caso de incumplimiento y como todo lo relativo a seguro, el contenido de las pólizas, y sujeción a la normativa aplicable a dicho proceso, así como el escenario de declararse desierto el proceso de licitación, y de la posibilidad ante aquello de poder Fonasa realizar una contratación directa para efectos de la modalidad de cobertura complementaria *conformidad a los términos de referencia que éste fije mediante una resolución que deberá ser suscrita por la Dirección de Presupuestos.* Concordar aquello con lo dispuesto en artículo segundo transitorio de la reforma "*El primer contrato para la provisión del servicio de otorgamiento de la cobertura financiera complementaria a las personas que se inscriban en la Modalidad de Cobertura Complementaria, podrá realizarse mediante trato directo con una o más compañías de seguro*".

En cuanto a la siguiente reforma, se complementa el artículo 164 en su inciso final, ya el artículo 164 hace remisión al artículo 160 que dispone y hace referencia a las categorizaciones en Fonasa respecto a afiliados en letra A, B, C y D, y la reforma siguiendo la línea de los afiliados que se contemplan en la nueva modalidad que viene a incorporar la reforma, esto es, de cobertura complementaria, y el complemento viene a incorporar el hecho que en caso de no enterar cotizaciones por el periodo de 12 meses, Fonasa deberá pasarlos a categorización letra A (Personas indigentes o carentes de recursos, beneficiarios de pensiones asistenciales a que se refiere el Decreto Ley N° 869, de 1975, y causantes del subsidio familiar establecido en la Ley N° 18.020), a menos que acredite que esas cotizaciones fueron descontadas por su empleador.

Respecto a la reforma al artículo 188, recordar que nos encontramos en el terreno normativo relativo en el ámbito de regulación de los excedentes propios de la relación de salud previsional regulada en los contratos entre afiliado e institución de salud previsional, *Al momento de celebrar un contrato de salud, las Instituciones de Salud Previsional no podrán ofrecer planes cuyos precios sean inferiores al valor de la cotización legal para salud del afiliado, calculada sobre el monto promedio de los últimos seis meses de la remuneración, renta o pensión, según sea el caso.*

Respecto al proceso de adecuación de los contratos que ya ha sido el objeto del comienzo de nuestro trabajo, se incorpora con esta reforma del artículo 188, que en el escenario de cosas en que en virtud de dicho proceso *el monto de los excedentes a destinar a la cuenta corriente individual supere el 5% de la cotización legal para salud, la Institución de Salud Previsional estará obligada a ofrecer al afiliado la incorporación de nuevos beneficios o planes de salud alternativos, cuyos precios más se aproximen al valor de su nueva cotización legal para salud y hayan sido comercializados dentro de los seis meses anteriores al ofrecimiento.*

Se unifica el estándar respecto a las condiciones generales que se ofrezcan en cada plan de salud estableciéndose que aquellas condiciones deberán ser las mismas que se ofrezcan a nuevos contratantes del respectivo plan y no podrán importar una discriminación entre dichos afiliados. Así también la relevancia y límite de establecer que las adecuaciones no podrán tener en consideración el estado de salud del afiliado y sus beneficiarios.

A continuación artículo 198 del DFL N° 1/2005 Minsal, recordando que este artículo modificado el año 2021 por la dictación de la Ley 21.350, normativa muy utilizada en el último tiempo, en relación al mismo factor de la facultad de revisión y adecuación por parte de las Isapres a los contratos de salud, y el rol que en relación a la dictación de la Ley 21.350 la Superintendencia de Salud, en la fijación de indicador que será el máximo en virtud del cual las Isapres podrán generar las adecuaciones a los planes, el ICSA (indicador de costos de la salud), y establecer criterios objetivos que sean determinantes para generar un alza en el precio del plan para el periodo respectivo.

XI. ADECUACIÓN DE LOS CONTRATOS DE SALUD PREVISIONAL-LEX ARTIS ADMINISTRATIVA

En cuanto al artículo segundo de la presente reforma, volvemos al inicio de nuestro trabajo en relación al factor que motivo la jurisprudencia reciente de la Excma. Corte Suprema y la aplicación de la tabla única de factores dispuesta por la Superintendencia de Salud en la Circular IF/N° 343, de 11 de diciembre de 2019, en este artículo y en relación a lo resuelto en aquella jurisprudencia y que la adecuación de dichos contratos de salud se ajusten a lo dispuesto en la circular respectiva, hacer aplicable la tabla de factores única a todos los contratos de salud en el periodo de vigencia ahí establecido, así también de suspensión de cobros realizados por las Isapres respecto de no natos y menores de dos años de edad así como restitución de montos, informar a la Superintendencia de Salud de los contratos con su consecuencial adecuación aplicando la tabla única de factores y del monto en exceso percibido por la Institución previsional, teniendo presente el plazo de cómputo desde el mes de abril 2020. Lo que conlleva a pensar el rol de supervigilancia sobre las entidades previsionales que ya vimos reguladas para la Superintendencia de Salud, ya que no obstante estar regulada en su lex artis previsional la tabla de factores en cuestión, aun así no se aplicó, queda en este ente fiscalizador velar que el cálculo a realizar para objeto de devolución y que se contemplen todo lo aquí regulado, asume un rol sumamente importante para los afiliados.

Contenido de la circular

- Adecuar el precio final de todos los contratos previsionales de salud que se encontraban vigentes al 1 de diciembre de 2022 y que no empleaban la Tabla Única de Factores contenida en la

Circular IF/N° 343, de 11 de diciembre de 2019, de la Superintendencia de Salud;

- Informar a la Superintendencia de Salud todos los contratos que resulten con un precio final inferior al cobrado y percibido por la Institución respectiva, debiendo señalar esas diferencias en unidades de fomento, por cada uno de ellos; especificando si la diferencia ocurre por aplicación del numeral uno o dos precedentes;

- Restituir, en los términos consignados en los artículos 3° y siguientes, las cantidades percibidas en exceso por las Instituciones de Salud Previsional, desde el 1 de abril de 2020, producto del procedimiento de adecuación de tabla de factores.

- Restituir, en los términos consignados en los artículos 3° y siguientes, las cantidades percibidas por las Instituciones de Salud Previsional por concepto de cobro de cargas no natas y menores de dos años de edad, desde el 1 de diciembre de 2022. Estos cobros no podrán ser exigidos o realizados de manera retroactiva, una vez que la persona beneficiaria cumpla dos años de edad.

Asimismo, concordar aquello con lo dispuesto en el artículo tercero transitorio de la presente reforma, la circular deberá dictarse dentro de los diez días siguientes de publicada esta ley.

Respecto del artículo tercero, acá se plasma la respuesta a nuestra interrogante del análisis relativo al artículo segundo, en razón al cumplimiento de la devolución que aquello se ajuste a lo requerido por la Superintendencia de Salud, contemplando la cantidad de números de contratos afectados y que por ende irían los afiliados a requerir su devolución de lo pagado en exceso, plazo máximo de devolución, modalidad de la devolución, sea en dinero, prestaciones o coberturas más no supeditándola a una sola forma pero la elección queda en la Institución Previsional, no obstante aquello, quedará la supervisión del cumplimiento en manos de la Superintendencia de Salud, y la participación de la figura del Consejo Asesor, existiendo además ya que hablamos de una supervisión que pueda existir un rechazo de parte de la Superintendencia a lo presentado por las Isapres y realizando las indicaciones que deben modificar con motivo de la aprobación del plan propuesto para dar cumplimiento a lo ordenado por la normativa, e incluso en caso de incumplimiento ya en la etapa de ejecución del plan aprobado pero que claramente una cosa es la fase de aprobación y poder pasar el filtro de la Superintendencia y posteriormente resguardar que el plan aprobado sea cumplido a cabalidad e irrestrictamente, otorgándose a la Superintendencia de Salud de la faculta de determinar por ellos el plan de devolución como sanción al cumplimiento por la Isapre en la etapa de ejecución. *La aprobación del plan de pago y ajustes por la Superintendencia constará en una resolución que deberá, al menos, explicitar el plazo máximo de devolución, las cuotas de devolución, las condiciones conforme a las cuales la Institución de Salud Previsional respectiva hará las restituciones de los montos adeudados, y la manera en que se notificará a cada persona. El incumplimiento, cumplimiento tardío o parcial en la entrega del plan de pago y ajustes, o en la ejecución de éste, se sancionará de acuerdo con lo establecido en el Capítulo VII del Libro I del decreto con fuerza de ley Nº 1, promulgado en 2005 y publicado en 2006, del Ministerio de Salud. Lo anterior, sin perjuicio que, en el caso de incumplimiento de la ejecución del respectivo plan, la Superintendencia podrá establecer directamente un plan de pago y ajustes, de conformidad a las reglas establecidas en el inciso noveno.*

El artículo cuarto, plantea respecto a considerar como precio final solo para efectos de la devolución y el plan que conlleva tratado en artículo anterior, es que se entenderá como precio final *el precio pactado menos el precio cobrado por las Garantías Explícitas y el valor que las Instituciones de Salud Previsional cobren por eventuales beneficios adicionales pactados. Dentro de los seis meses siguientes a este reajuste, las personas afiliadas afectas al mismo podrán solicitar a su Institución de Salud Previsional, cambiarse a alguno de los planes que les fueran ofre-*

cidos, para lo cual no se les podrá exigir suscribir una nueva declaración de salud operando la entregada al momento de suscribir el contrato que fue ajustado.

XII. OBLIGACIÓN DE LAS ISAPRES

El artículo quinto, se refiere a la obligación de las Isapres respecto al proceso de devolución y deudas para con el afiliado, se establece en el presente artículo de la reforma que se crearán para este efecto cuentas corrientes individuales por las Isapres en favor de los afiliados, haciendo remisión a las normas aplicables en materia de excedentes (artículo 188). Asimismo, teniendo presente que el temor de los afiliados ante posibilidad de que por cumplir el pago de la deuda que lleva como motivo la presente reforma en aplicación de la jurisprudencia de la Excma. Corte Suprema en materia de tabla de factores, la Institución de Salud previsional producirse en ella un estado de insolvencia y se produzca como consecuencia la cancelación de su registro como Institución vigente y acreditada para el ejercicio previsional en nuestro ordenamiento jurídico, resguarda la norma aquella situación que en caso de embargo respectivo para el efectivo pago de la deuda respectiva se haría la aplicación de la prelación de crédito numeral sexto del artículo 2472 del Código Civil (Los créditos del fisco en contra de las entidades administradoras de fondos de pensiones por los aportes que aquél hubiere efectuado de acuerdo con el inciso cuarto del artículo 42 del decreto ley Nº 3.500, de 1980)

El artículo sexto, se viene a instaurar las condiciones en que las Isapres podrán realizar el procedimiento de repartir dividendos o utilidades generados por su quehacer previsional, y la condición habilitante para proceder a aquel proceso, es el del pago total de la deuda que ha dado motivo a la presente reforma y como nos hemos referido en los artículos precedentes, y mediando la autorización de la Superintendencia de Salud, debiendo informar toda la información y documentación relativa al cumplimiento de la condición habilitante antes expuesta, *si la Superintendencia de Salud tomare conocimiento de que una Institución de Salud Previsional, en sesión o junta, sea esta ordinaria o extraordinaria, aprobó realizar una repartición de dividendos o distribución de utilidades, sin que haya sido previamente informada de ello, podrá imponer una de las siguientes sanciones:*

- Multa a beneficio fiscal del 10% al 20% del valor de los dividendos o las utilidades que se acordaron distribuir, en el caso que aquellos no hayan alcanzado a ser distribuidos;
- Multa a beneficio fiscal del 25% al 35% del valor de los dividendos o utilidades distribuidos, en caso de que la operación se haya perfeccionado.

Para la determinación específica de la multa que corresponda aplicar, se considerará:

A) el número de personas afiliadas cuya deuda aún no ha sido pagada en su totalidad;

B) el riesgo ocasionado a la seguridad del sistema previsional;

C) el beneficio económico obtenido con motivo de la infracción;

D) la intencionalidad en la comisión de la infracción;

E) la capacidad económica del infractor;

F) la colaboración del infractor;

G) haber sido sancionado previamente por las infracciones señaladas en este artículo, y todo otro criterio que a juicio fundado de la Superintendencia sea relevante para la determinación de la sanción.

XIII. PROCEDIMIENTO ADMINISTRATIVO SANCIONATORIO

1. Notificación de los cargos a la Isapre
2. Plazo 10 días hábiles para hacer sus descargos
3. Transcurrido plazo contestado o no, se dicta resolución por Intendente de fondos y seguros previsionales.
4. Medidas provisionales por parte de la Superintendencia de Salud
    - Ordenar a las instituciones bancarias o entidades financieras que correspondan la retención de los dineros o depósitos de las Instituciones y la prohibición de realizar transacciones de acciones, bonos o debentures;
    - Decretar cualquier medida necesaria para evitar el uso, aprovechamiento, beneficio o destino de cualquier clase de bienes, valores o dineros de la Institución.

El artículo séptimo como podemos apreciar se regulan situaciones para el resguardo de los afiliados y que no se escape ninguna eventualidad que permita un incumplimiento a la Institución de Salud Previsional en la materia de la reforma, ya que vemos la regulación en razón de la información que entregará la Isapre en su propuesta de plan de pago, modalidades y plazos, etc., que quedaran a la evaluación y ponderación de la autoridad fiscalizadora, y que desde la otra faz entrega mayor responsabilidad de control a la Superintendencia de cerciorarse que la información que arribe para su conocimiento y aprueba para la consecuencial autorización por medio de la dictación de la resolución respectiva, estableciéndose en este caso sanciones penales.

El artículo octavo, dispone que Isapres podrán ofrecer a las personas afiliadas títulos representativos de deuda a largo plazo por el total de lo adeudado o por el saldo aun no reconocido en la cuenta de excedentes referida en el artículo 3. Con todo, el plazo de estos títulos no podrá ser superior al plazo de devolución previsto en dicho plan y deberán emitirse siempre caucionados. En ningún caso las personas afiliadas estarán obligadas a aceptar títulos representativos de deuda.

XIV. ARTÍCULO UNDÉCIMO, FACULTADES SUPERINTENDENCIA DE SALUD

Fiscalizar el cumplimiento de lo dispuesto en las normas de la presente reforma, no obstante todas sus facultades aplicables por su normativa regulatoria y orgánica ya vigente, como el supervigilar y fiscalización de las Instituciones de Salud Previsional, así como también a modo de ejemplo facultades en relación a la normativa de derechos y deberes del paciente en la prestación de salud, Ley 20.584, pudimos apreciar también la posibilidad dentro de las medidas previsionales solicitar información financiera, bancaria, contable de las Isapres, para complementar su cometido en relación a la información que se le suministra por parte de las entidades fiscalizadas y contrastar aquellos insumos, y también velando por el resguardo del tratamiento de datos personales (Ley 19.628). Por lo cual se entrega un gran protagonismo a la autoridad sanitaria que mirado desde otra óptica es a la vez una gran responsabilidad de velar por el resguardo de la presente normativa en pos de que no se vean afectados los afiliados, que ya parte la presente reforma de una jurisprudencia emanada de la Excma. Corte Suprema, y entrega en la Superintendencia la tarea de aterrizar lo resuelto y controlar su ejecución con irrestricta sujeción a la normativa.

Respecto de afiliados de Isapre, que estas últimas no hayan pagado el total de la deuda respectiva, y que el afiliado esté recibiendo prestaciones dentro de las garantías explícitas en salud, Fonasa en este caso autorizará la continuidad del otorgamiento de la intervención sanitaria que estuviese ya en desarrollo como cumplimiento de los protocolos Ges y se le asigna prestador para dicho efecto, sin necesidad de volver a pasar por el proceso de confirmación de diagnóstico para poder ser intervenido.

XV. ANEXO

LEY

PROYECTO DE LEY:

"Artículo 1°.- Introdúcense, en el decreto con fuerza de ley N° 1, promulgado en 2005 y publicado en 2006, del Ministerio de Salud, que fija texto refundido, coordinado y sistematizado del decreto ley N° 2.763, de 1979, y de las leyes N° 18.933 y N° 18.469, las siguientes modificaciones:

1) Intercálase, en el inciso primero del artículo 50, el siguiente literal g), nuevo, pasando los actuales literales g) y h) a ser literales h) e i), respectivamente:

"g) Velar por el correcto funcionamiento de la licitación, contratación e implementación de la Modalidad de Cobertura Complementaria en los términos a que se refieren los artículos 144 bis y siguientes de esta ley. Para estos efectos, le corresponderá, entre otras funciones, elaborar la o las pólizas de seguro que deberán observar las compañías de seguro que otorguen la mencionada cobertura y depositarlas en la Comisión para el Mercado Financiero, conforme a las disposiciones de la letra e) del artículo 3° del decreto con fuerza de ley N° 251, de 1931, del Ministerio de Hacienda, sobre compañías de seguro, sociedades anónimas y bolsas de comercio.

Asimismo, el Fondo Nacional de Salud podrá ejecutar todas las acciones necesarias para procurar la contratación del seguro por las personas beneficiarias señaladas en el artículo 144 bis;".

2) Intercálase, en el inciso segundo del artículo 107, entre las frases "de libre elección," y "lo que la ley establezca", lo siguiente: "y de cobertura complementaria, sin perjuicio de las facultades de la Comisión para el Mercado Financiero respecto de las compañías de seguro,".

3) Incorpóranse, a continuación del artículo 130, el siguiente Capítulo VIII, y los artículos 130 bis, 130 ter, 130 quáter, 130 quinquies, 130 sexies, 130 septies y 130 octies, nuevos, que lo integran:

"CAPÍTULO VIII
Del Consejo Consultivo sobre Seguros Previsionales de Salud

Artículo 130 bis.- Créase un Consejo Consultivo sobre Seguros Previsionales de Salud, de carácter técnico, en adelante e indistintamente el "Consejo", que tendrá como función asesorar a la Superintendencia de Salud en el proceso de presentación, evaluación y aprobación de los planes de pago y ajustes de las ISAPRE, por restitución de cobros realizados en exceso por aplicar tablas de factores elaboradas por dichas instituciones distintas a la Tabla Única de Factores de la Superintendencia de Salud.

Las opiniones, pronunciamientos, estudios y propuestas del Consejo no tendrán el carácter de vinculantes y serán remitidos a la Superintendencia de Salud. Deberán ponerse a disposición del público a través de la página web institucional de la Superintendencia, en el plazo máximo de treinta días corridos desde dicha remisión.

La Superintendencia de Salud deberá justificar de forma clara y precisa en su pronunciamiento la circunstancia de no integrar o rechazar las opiniones, pronunciamientos, estudios y propuestas del Consejo, el cual deberá estar a disposición del público a través de su página web institucional en el plazo máximo de treinta días corridos desde que se dicte la resolución.

Artículo 130 ter.- El Consejo estará constituido por cinco personas, de vasta experiencia profesional y/o académica comprobada, en materias de salud pública, economía de salud o derecho sanitario.

Los consejeros durarán en su cargo el tiempo que requieran para su cometido en virtud de lo establecido en el artículo 130 bis.

Los integrantes del Consejo tendrán derecho a percibir una dieta equivalente a quince unidades de fomento por cada sesión a la que asistan, con un máximo de sesenta unidades de fomento por cada mes calendario. Esta dieta será compatible con otros ingresos que perciba cada consejero.

Les corresponderá a los consejeros designar a uno de ellos como presidente del Consejo, quien presidirá las sesiones. Asimismo, deberán elegir a uno de ellos como subrogante del presidente del Consejo.

Artículo 130 quáter.- La calidad de consejero será incompatible con el ejercicio de los cargos de ministro de Estado, subsecretario, diputado, senador, delegado presidencial regional o provincial, alcalde, concejal, gobernador regional, consejero regional, miembro del escalafón primario del Poder Judicial, fiscal del Ministerio Público, funcionario del Banco Central de Chile, miembro de las Fuerzas Armadas y de Orden y Seguridad Pública y miembro de los órganos de dirección de los partidos políticos.

Artículo 130 quinquies.- Los integrantes del Consejo estarán inhabilitados para prestar asesorías a las Instituciones de Salud Previsional, mientras ejerzan el cargo.

No podrán integrar el Consejo aquellas personas que tengan conflictos de interés. Se entenderá, especialmente, que existe conflicto de interés en las siguientes circunstancias:

1) Si en los últimos cinco años han ocupado los cargos de directores, gerentes, administradores, ejecutivos principales de una Institución de Salud Previsional o de un Prestador Institucional de Salud relacionado según lo dispuesto en el artículo 100 de la ley N° 18.045.

2) Si en los últimos dos años, como persona natural o a través de sociedades de personas de las que los integrantes del Consejo formen parte; o en sociedades comanditas por acciones, anónimas cerradas en que aquéllos o éstas sean accionistas, o en sociedades anónimas abiertas en que aquéllos o éstas sean dueños de acciones que representen el 10% o más del capital, han prestado servicios de asesoría en materia de aseguramiento de

prestaciones de salud, cualquiera sea la naturaleza del vínculo a una Institución de Salud Previsional o a un Prestador Institucional de Salud relacionado según lo dispuesto en el artículo 100 de la ley N° 18.045; o hayan sido gestores de intereses de las mismas instituciones, por sí o por terceras personas o sociedades.

3) Tener interés económico personal en uno o más de los aspectos o asuntos que le corresponde conocer en el ejercicio de su función, o tenerlo su cónyuge o conviviente civil, hijos o parientes hasta el cuarto grado de consanguinidad y segundo de afinidad, inclusive, o una persona jurídica, en la que tenga, directa o indirectamente, el diez por ciento o más de la participación, acciones o derechos, cualquiera sea su tipo, o ejerza en ella funciones de administración y/o control.

4) Participar, directa o indirectamente, en un prestador institucional de salud privado relacionado con una o más Instituciones de Salud Previsional, según lo dispuesto en el artículo 100 de la ley N° 18.045. Se incluye en esta inhabilidad cualquier tipo de participación que genere beneficios económicos a la persona integrante del Consejo o a las personas naturales o jurídicas indicadas en el numeral precedente.

Para efectos de lo establecido en el numeral 3) anterior, no se considerará tener interés económico personal si la persona o alguno de los parientes señalados en dicho numeral, es o haya sido afiliado o beneficiario del sistema privado de salud.

Una vez cesados en sus cargos, y por el plazo de seis meses, los exconsejeros no podrán prestar servicio alguno, sea de forma gratuita o remunerada, ni adquirir participación en la propiedad de entidades respecto de las cuales se hace referencia en los numerales anteriores. La prohibición de que trata este artículo se extiende a aquellas empresas que formen parte del mismo grupo empresarial en los términos del artículo 96 de la ley N° 18.045, de Mercado de Valores.

Artículo 130 sexies.- Serán causales de cesación en el cargo de consejero las siguientes:

a) Expiración del período para el que fue nombrado.

b) Renuncia voluntaria.

c) Condena a pena aflictiva.

d) El fallecimiento de la persona.

e) Incapacidad psíquica o física sobreviniente para el desempeño del cargo.

f) Incurrir en alguna causal de inhabilidad o incompatibilidad a las que se refieren los dos artículos anteriores.

g) Incumplimiento grave y manifiesto de las normas sobre probidad administrativa. Se entenderá como tal el incumplimiento de las normas señaladas en el artículo 130 septies, y particularmente, el incumplimiento del deber de abstención señalado en el mismo.

h) Falta grave al cumplimiento de las obligaciones como consejero. Se entenderá como falta grave, entre otras, la inasistencia injustificada a dos sesiones consecutivas o a cuatro sesiones del Consejo, durante un mismo año calendario, así como el incumplimiento del deber de reserva y secreto establecido en el artículo 130 octies.

El consejero respecto del cual se verificare alguna causal de las contenidas en los literales c) a e), cesará automáticamente en su cargo, debiendo comunicarse de inmediato dicha circunstancia al Consejo.

La verificación de las causales señaladas en los literales g) y h) será realizada por el resto del Consejo, en sesión convocada especialmente para tal efecto, de acuerdo con lo establecido en el reglamento. Para este caso, el Consejo podrá sesionar sin necesidad de que sea convocado por el Superintendente.

Artículo 130 septies.- A los integrantes del Consejo les serán aplicables las normas sobre probidad administrativa establecidas en el decreto con fuerza de ley N° 1/19.653, promulgado en 2000 y publicado en 2001, del Ministerio Secretaría General de la Presidencia, que fija el texto refundido, coordinado y sistematizado de la ley N° 18.575, orgánica constitucional de Bases Generales de la Administración del Estado, y particularmente, el deber de abstención establecido en el artículo 12 de la ley N° 19.880, que establece bases de los procedimientos administrativos que rigen los actos de los órganos de la Administración del Estado.

Asimismo, a los consejeros les serán aplicables las normas contenidas en la ley N° 20.880, sobre probidad en la función pública y prevención de los conflictos de intereses, y en particular, estarán obligados a realizar la declaración de intereses y patrimonio establecida en el Título II de dicha ley. También, a los consejeros les serán aplicables las normas contenidas en la ley N° 20.730 que regula el lobby y las gestiones que representen intereses particulares ante las autoridades y funcionarios.

Artículo 130 octies.- El Superintendente deberá convocar al Consejo a sesiones ordinarias, a lo menos, una vez cada dos meses, mientras duren las atribuciones contempladas en esta ley. Podrá también convocar al Consejo a sesiones extraordinarias cuando existan circunstancias que así lo requieran.

Para sesionar, el Consejo requerirá un quórum mínimo de tres integrantes, incluida la presencia de quien ejerza la presidencia o quien lo subrogue. En las sesiones los consejeros tendrán derecho a voz y voto. El Consejo adoptará sus acuerdos por la mayoría simple de sus integrantes presentes. En caso de no alcanzarse dicha mayoría, quien ejerza la presidencia o quien le subrogue tendrá la facultad de dirimir entre las alternativas presentadas. De los acuerdos que adopte el Consejo deberá dejarse constancia en el acta de la sesión respectiva, donde también deberán consignarse los votos de minoría.

El Superintendente de Salud tendrá derecho a ser oído por el Consejo cada vez que lo estime conveniente, pudiendo concurrir a sus sesiones.

Para su buen funcionamiento, el Consejo contará con una secretaría ejecutiva que estará a cargo de un funcionario o funcionaria designada por la Superintendencia, quien no percibirá remuneración adicional alguna por esta función, y que tendrá como funciones actuar como ministro de fe en el Consejo, realizar el levantamiento de los acuerdos y recomendaciones y la propuesta de acta de cada una de las sesiones, y todas aquellas funciones necesarias para el correcto funcionamiento del Consejo. Asimismo, la Superintendencia de Salud proporcionará el apoyo administrativo y de servicios para el desarrollo de sus funciones.

Las materias tratadas en cada sesión del Consejo deberán constar en actas elaboradas por la secretaría ejecutiva y ser aprobadas oportunamente por las personas integrantes del Consejo, las que estarán sujetas a publicidad, de conformidad a lo previsto en la ley N° 20.285, sobre acceso a la información pública.

Los integrantes del Consejo y la secretaría ejecutiva deberán guardar absoluta reserva y secreto de la información y documentos de los que tome conocimiento en el cumplimiento de sus labores, sin perjuicio de las informaciones que deban proporcionar en conformidad a la ley.".

4) Reemplázase el artículo 142 por el siguiente:

"**Artículo 142.-** No obstante lo dispuesto en el artículo 141, las personas afiliadas y las personas beneficiarias que de ellos dependan, podrán optar por atenderse bajo las modalidades de Libre Elección, de Cobertura Complementaria, o ambas, que se establecen en los artículos siguientes. En estos casos, podrán elegir al prestador de salud que, conforme a la modalidad respectiva, otorgue la prestación requerida.".

5) Agréganse, a continuación del artículo 144, los siguientes artículos 144 bis, 144 ter, 144 quáter, 144 quinquies, 144 sexies, 144 septies y 144 octies, nuevos:

"**Artículo 144 bis.-** Las personas afiliadas que se encuentren en los grupos B, C y D podrán inscribirse en la Modalidad de Cobertura Complementaria que se establece en los artículos 144 ter y siguientes, en tanto hayan efectuado cotizaciones de salud durante los últimos seis meses.

Sin perjuicio de lo señalado en el inciso anterior, quienes hayan pagado por primera vez cotizaciones de salud y lo hagan en el Fondo Nacional de Salud, podrán optar por inscribirse en esta modalidad sin cumplir el requisito mínimo de cotizaciones.

Excepcionalmente, los trabajadores y trabajadoras independientes que paguen sus cotizaciones en la forma establecida en el artículo 92 F del decreto ley N° 3.500, de 1980, del Ministerio del Trabajo y Previsión Social, que establece un Nuevo Sistema de Pensiones, requerirán que el monto pagado por cotizaciones de salud sea al menos el equivalente a doce cotizaciones legales de salud por el ingreso mínimo mensual. Si los fondos retenidos por la Tesorería General de la República para estos efectos no fueren suficientes, podrán cotizar en la forma establecida en el inciso cuarto del artículo 90 de ese cuerpo normativo.

Artículo 144 ter.- La Modalidad de Cobertura Complementaria es aquella en virtud de la cual las personas afiliadas al Fondo Nacional de Salud, que cumplan los requisitos establecidos en el artículo anterior, se inscriben voluntariamente en esta modalidad para efectos de obtener acceso y protección financiera para las prestaciones de salud aranceladas en una red de prestadores determinada, obligándose al pago de una prima complementaria. La modalidad también contiene un seguro catastrófico en los términos del artículo 144 quáter.

Esta modalidad permite a las personas inscritas recibir prestaciones ambulatorias y hospitalarias en una red de prestadores y bajo un arancel asociado. Las personas inscritas deberán pagar una prima adicional a la cotización legal para salud, por la cual recibirán una cobertura financiera complementaria a la otorgada por el Fondo Nacional de Salud, para el financiamiento de dichas prestaciones.

Las prestaciones cubiertas en la Modalidad de Cobertura Complementaria serán financiadas por el Fondo Nacional de Salud de conformidad con el arancel que se fije al efecto, y en la parte que le corresponda; por la cobertura financiera complementaria que otorgue la compañía de seguros en los términos que establece la póliza; y por el copago al que concurra la persona beneficiaria. La cobertura financiera complementaria otorgada por las compañías de seguro tendrá un tope anual en los términos que se establezca en la póliza.

Una resolución del Ministerio de Salud, a propuesta del Fondo Nacional de Salud, establecerá el arancel señalado en el presente artículo. Dicha resolución deberá ser suscrita, además, por el Ministerio de Hacienda. Este arancel deberá contemplar, a lo menos, las prestaciones contenidas en el arancel de la modalidad de libre elección. En el caso de la atención hospitalaria se contemplarán mecanismos de pago destinados a financiar la solución del problema de salud. El arancel de la modalidad de cobertura complementaria podrá considerar prestaciones con pertinencia sanitaria no contenidas en el arancel de la modalidad de libre elección. Para la incorporación de nuevas prestaciones en el arancel de la modalidad, se podrá considerar otros aranceles para personas no beneficiarias del Libro II de este decreto con fuerza de ley, a que se refiere el artículo 24 de la ley N° 18.681, que establece normas complementarias de administración financiera, de incidencia presupuestaria y personal.

Aquellas prestaciones financiadas en conformidad a este artículo quedarán excluidas para el otorgamiento de préstamos contemplados en el artículo 162 de esta ley.

Las prestaciones derivadas de atenciones de emergencia o urgencia debidamente certificadas por un médico cirujano se regirán por las reglas del inciso segundo del artículo 141 y del literal a) del inciso tercero del artículo 143, según corresponda.

Artículo 144 quáter.- Las personas que se inscriban en la Modalidad de Cobertura Complementaria accederán, además, a un seguro catastrófico en virtud del cual tendrán derecho a una protección financiera especial que cubrirá todos los copagos derivados de un determinado problema de salud y de cargo de la persona beneficiaria que superen, dentro de un año de vigencia de la póliza, el deducible respectivo.

El seguro catastrófico operará con prestadores dentro de la misma red a la que accede la persona beneficiaria en virtud de la Modalidad de Cobertura Complementaria, y respecto de aquellas prestaciones financiadas en conformidad al arancel a que hace referencia el inciso cuarto del artículo 144 ter.

La cobertura del seguro catastrófico será de cargo de la compañía de seguros que otorgue la cobertura financiera complementaria. Esta deberá ser activada por la compañía de seguros de forma automática, una vez que los copagos financiados por las personas inscritas superen el deducible.

Este seguro catastrófico no será aplicable a aquellas prestaciones cubiertas en las leyes N° 19.966, que establece un régimen de garantías en salud, y N° 20.850, que crea un sistema de protección financiera para diagnósticos y tratamientos de alto costo y rinde homenaje póstumo a don Luis Ricarte Soto Gallegos.

La resolución a que hace referencia el inciso cuarto del artículo anterior podrá excluir otras prestaciones de la cobertura del seguro catastrófico.

Artículo 144 quinquies.- La persona afiliada que se inscriba en la modalidad señalada en el artículo 144 ter deberá inscribir a las personas a que hacen referencia los literales b) y c) del artículo 136 de esta ley, y al conviviente civil, conforme al artículo 29 de la ley N° 20.830, que crea el Acuerdo de Unión Civil, si correspondiere.

Realizada la inscripción, la persona afiliada deberá pagar una prima por sí y por cada persona inscrita, que constituirá ingreso para la compañía de seguros que otorgue la cobertura financiera complementaria y no constituirá, en ningún caso, ingreso fiscal ni formará parte del presupuesto público; la cual se podrá enterar a través de entidades que recauden cotizaciones de seguridad social.

Los empleadores podrán celebrar convenios o contratos colectivos con sus trabajadores para efectos de aportar al pago de la prima complementaria para quienes se encuentren afiliados al Fondo Nacional de Salud, y a sus grupos familiares.

La prima complementaria será la misma para cada una de las personas inscritas, sin distinción ni discriminación alguna. Sin perjuicio de lo anterior, podrán existir condiciones especiales de precio de prima para grupos familiares, las cuales quedarán determinadas en la póliza. Con todo, el precio de la prima para grupos familiares nunca podrá ser mayor a la suma de las primas de todos sus integrantes.

El valor de la prima complementaria se fijará en unidades de fomento y se determinará en la forma establecida en las Bases de Licitación. El Director del Fondo Nacional de Salud deberá adecuar mediante una resolución el valor de la prima complementaria, de conformidad a las modificaciones al arancel a que hace referencia el inciso cuarto del artículo 144 ter y los cambios en la siniestralidad que experimente la población inscrita en la Modalidad de Cobertura Complementaria, cuando se cumplan los presupuestos establecidos en las Bases de Licitación y en conformidad a la fórmula que en ellas se establezca. Las adecuaciones serán aplicables a las personas inscritas en la modalidad al momento de la renovación de la inscripción en la forma establecida en el inciso siguiente, previa notificación por parte de la compañía de seguros, por medios electrónicos o carta certificada, la que deberá realizarse con treinta días de anticipación a dicha renovación.

La inscripción de la persona afiliada en la modalidad será por un plazo de doce meses, renovable automáticamente por periodos iguales, y podrá renunciar a esta informando de ello al Fondo Nacional de Salud a través de sus canales de atención con al menos diez días de anticipación al término del plazo original o sus renovaciones. Excepcionalmente, la persona afiliada podrá, en cualquier momento, renunciar a la modalidad fundando su solicitud en cesantía, en variación permanente de su cotización legal y/o de la composición de su grupo familiar. La renuncia de la persona afiliada deberá incluir a todo su grupo familiar.

Las personas beneficiarias que incumplan el pago de la prima complementaria no se encontrarán amparadas por la cobertura en el mes respectivo. Asimismo, en el caso que, durante dos meses continuos o tres meses discontinuos, dentro de un período de doce meses, dejen de dar cumplimiento al pago de la prima, dejarán de tener acceso a la Modalidad de Cobertura Complementaria, lo que deberá ser notificado por la compañía de seguros, por medios electrónicos o carta certificada, con al menos cinco días hábiles de anticipación a la fecha de cesación de la modalidad, informando de ello al Fondo Nacional de Salud. La exclusión a la persona de esta modalidad deberá incluir a todo su grupo familiar y no inhibe a la compañía de seguros de perseguir el cobro de los saldos insolutos hasta el cese de la cobertura.

Con todo, en caso de que la persona afiliada sea trabajador o trabajadora dependiente o pensionada deberá ser reincorporado o reincorporada con efecto retroactivo si se acredita que las primas complementarias correspondientes a los meses impagos les fueron descontadas por su empleador o empleadora, o la entidad encargada del pago de la pensión.

En caso de que la persona haya dejado de tener acceso a la Modalidad de Cobertura Complementaria por renuncia o no pago de la prima complementaria, sólo podrá volver a inscribirse en aquella, transcurridos seis meses desde el cese de la cobertura. Para inscribirse nuevamente deberá, además, haber solucionado las eventuales deudas que se hubiesen generado durante su adscripción a esta modalidad en períodos anteriores.

Que la persona afiliada haya dejado de tener acceso a la Modalidad de Cobertura Complementaria, no implicará la afectación de su afiliación ni acceso a coberturas a través del Fondo Nacional de Salud.

Artículo 144 sexies.- El Fondo Nacional de Salud adjudicará mediante licitación pública el otorgamiento de la cobertura financiera complementaria a la que accederán las personas que se inscriban en la Modalidad de Cobertura Complementaria.

El proceso de licitación se regirá por las normas y condiciones establecidas en las respectivas Bases, las que deberán ser públicas, contener criterios y requisitos objetivos, y respetar los principios de igualdad y libre concurrencia entre los oferentes.

Las Bases de Licitación para cada proceso serán establecidas por el Fondo Nacional de Salud, mediante resolución, que deberá ser suscrita además por la Dirección de Presupuestos.

Estas Bases contendrán las condiciones necesarias para la adjudicación de la licitación y la continuidad en la cobertura financiera complementaria de las personas inscritas en esta modalidad, debiendo, a lo menos, establecer los siguientes elementos:

a) Las etapas y plazos de la licitación, los plazos y modalidades de aclaración de las Bases, la entrega y la apertura de las ofertas, la evaluación de las ofertas, la adjudicación y la firma del contrato respectivo.

b) Las condiciones y exigencias que deberán cumplir las ofertas.

c) Los criterios objetivos que serán considerados para adjudicar la licitación, entre los que deberá incluirse un valor de la prima, un monto de tope de cobertura financiera complementaria anual y las condiciones especiales de precio de prima para grupos familiares.

d) La forma de designación de las comisiones evaluadoras.

e) El plazo de duración del contrato, el que no podrá ser superior a cuatro años.

f) Las condiciones de otorgamiento de la cobertura financiera complementaria y del seguro catastrófico, incluyendo el deducible conforme al artículo 144 quáter, el que deberá establecerse en proporción a la prima complementaria.

g) Las condiciones y exigencias que deberán cumplir las compañías de seguros tanto al momento de participar en los procesos licitatorios como durante la ejecución del contrato adjudicado. Entre las condiciones y exigencias que deberán establecerse, estarán aquellas referidas a la o las clasificaciones de riesgo mínimas con las que deberá contar cada oferente al momento de la licitación, el patrimonio mínimo y el patrimonio de riesgo que pueda requerirse especialmente para la oferta de esta cobertura, las reservas técnicas, los instrumentos, activos y límites de inversión que determine la Comisión para el Mercado Financiero de acuerdo con las normas del decreto con fuerza de ley N° 251, de 1931, del Ministerio de Hacienda. Sin perjuicio de lo anterior, no podrán participar en la licitación aquellas compañías de seguros que se encuentren al momento de iniciado el proceso de licitación o se hayan encontrado dentro de los últimos doce meses anteriores, en alguna de las situaciones descritas en el Título IV del mismo texto legal.

h) La determinación de las medidas a aplicar en los casos de incumplimiento del contrato y de las causales expresas en que dichas medidas deberán fundarse, así como el procedimiento para su aplicación.

i) Las modificaciones y las causales de terminación de los contratos.

j) Las características y condiciones generales de la póliza, incluyendo el porcentaje de cobertura financiera complementaria, el valor referencial de la prima y las fórmulas de adecuación de la misma, un monto mínimo referencial de tope de cobertura financiera complementaria anual y las condiciones especiales de precio de prima para grupos familiares.

k) Cualquier otra condición que el Fondo Nacional de Salud estime pertinente o necesaria para el correcto desarrollo de la Modalidad de Cobertura Complementaria.

Artículo 144 septies.- En caso de que se declarara desierta la licitación, o bien todas las ofertas fueran declaradas inadmisibles en el proceso licitatorio, el Fondo Nacional de Salud deberá convocar a un nuevo proceso de licitación pública dentro de un plazo máximo de tres meses desde esa declaración. Para convocar este proceso, el Fondo deberá emitir una nueva resolución que establezca las Bases de este nuevo proceso de conformidad al artículo 144 sexies.

Si el nuevo proceso licitatorio no es adjudicado a uno o más oferentes, el Fondo Nacional de Salud podrá realizar un proceso de contratación directa de conformidad a los términos de referencia que éste fije mediante una resolución fundada que deberá ser suscrita por la Dirección de Presupuestos y publicada en su sitio web institucional.

En el caso que existan contratos ya adjudicados, y corresponda hacer un nuevo proceso de licitación, si éste se declarase desierto, dicha declaración habilitará al Fondo Nacional de Salud para prorrogar los contratos adjudicados vigentes por una sola vez. De no ser posible la prórroga, el Fondo Nacional de Salud podrá realizar un proceso de contratación directa de conformidad al presente artículo.

En cualquier caso, las personas afiliadas y las personas beneficiarias seguirán afectas al Régimen a que se refiere el Libro II de esta ley.

Artículo 144 octies.- Vencido el plazo del contrato adjudicado a la compañía de seguros por la licitación, o en caso de término por cualquier otro motivo, y si la nueva licitación es adjudicada a una compañía de seguros distinta, los beneficiarios con contratos vigentes continuarán afiliados a estos, hasta el vencimiento de sus respectivas pólizas, tras lo cual podrán optar entre continuar afiliados a esta modalidad de cobertura complementaria, en los términos ofrecidos por la nueva compañía de seguros, o renunciar a ella, con al menos diez días de anterioridad al vencimiento de sus pólizas.

En todo lo que no esté regulado expresamente y sea compatible con lo expuesto en los artículos 144 bis, 144 ter, 144 quáter, 144 quinquies, 144 sexies y 144 septies, se aplicarán las normas de la Modalidad de Libre Elección a la Modalidad de Cobertura Complementaria.".

6) Agrégase, en el inciso final del artículo 164, a continuación de la expresión "y éste lo reclasificará", el siguiente texto: ", sin perjuicio de la facultad de dicho Fondo para reclasificarlo de oficio, mediante resolución fundada, que será notificada por medios electrónicos o mediante carta certificada. El Fondo deberá reclasificar siempre a las personas afiliadas y beneficiarias que de ellas dependan pertenecientes a los grupos B, C y D, en el grupo A en el evento que dichas personas afiliadas dejen de enterar sus cotizaciones durante el período de doce meses consecutivos. La persona afiliada que sea trabajadora dependiente o pensionada deberá ser reincorporada con efecto retroactivo si acredita que la cotización correspondiente a los meses impagos le fue descontada por su empleador o empleadora, o la entidad encargada del pago de la pensión".

7) Reemplázase el inciso octavo del artículo 188 por los siguientes incisos octavo, noveno y décimo, nuevos, pasando el actual inciso noveno a ser inciso undécimo, y así sucesivamente:

"Al momento de celebrar un contrato de salud, las Instituciones de Salud Previsional no podrán ofrecer planes cuyos precios sean inferiores al valor de la cotización legal para salud del afiliado, calculada sobre el monto promedio de los últimos seis meses de la remuneración, renta o pensión, según sea el caso.

En caso de que, en las sucesivas adecuaciones anuales, el monto de los excedentes a destinar a la cuenta corriente individual supere el 5% de la cotización legal para salud, la Institución de Salud Previsional estará obligada a ofrecer al afiliado la incorporación de nuevos beneficios o planes de salud alternativos, cuyos precios más se aproximen al valor de su nueva cotización legal para salud y hayan sido comercializados dentro de los seis meses anteriores al ofrecimiento. Las condiciones generales de cada plan de salud ofrecido deberán ser las mismas que se estén ofreciendo a esa fecha a los nuevos contratantes del respectivo plan y no podrán importar una discriminación entre dichos afiliados. En ningún caso, el afiliado estará obligado a suscribir uno de los planes de salud alternativos ofrecidos por la Institución de Salud Previsional. Mientras no suscriba un nuevo plan cuyo precio mejor se aproxime al valor de su cotización legal, toda diferencia superior al 5% de la cotización legal no generará excedentes.

Con todo, las revisiones de las adecuaciones anuales a que hace referencia el inciso anterior no podrán tener en consideración el estado de salud del afiliado y sus beneficiarios.".

8) Introdúcense, en el artículo 189, las siguientes modificaciones:

a) Intercálase, en el encabezamiento del inciso segundo del artículo 189, entre la palabra "libremente" y la expresión "las prestaciones", la siguiente frase: "el plan de salud, el cual podrá considerar bonificación de prestación a prestación o por paquetes de prestaciones, debiendo detallar".

b) Agrégase, a continuación del inciso séptimo, el siguiente inciso octavo, nuevo, pasando el actual a ser noveno y así sucesivamente:

"Con el solo objetivo de que las Isapres puedan revisar la correcta emisión de las cuentas cobradas por los prestadores de salud con los que tienen convenios de pago a través de paquetes de prestaciones, los prestadores deberán poner a disposición de la Institución de Salud Previsional el detalle de las prestaciones otorgadas a las personas beneficiarias que han requerido la atención de salud mediante esta modalidad.".

9) Agrégase a continuación del inciso primero del artículo 190, el siguiente inciso segundo, nuevo, pasando el actual inciso segundo a ser inciso tercero, y así sucesivamente:

"Lo señalado en el inciso anterior no será aplicable a los planes complementarios cuya bonificación esté definida en copago fijo o a través de mecanismos de pago al prestador por paquetes de prestaciones, tales como, pago asociado al diagnóstico o grupos relacionados por el diagnóstico. En ningún caso, las coberturas que otorguen las Instituciones de Salud Previsional podrán ser inferiores a aquellas que otorgue el Fondo Nacional de Salud por la misma prestación contenida en los mencionados mecanismos de pago.".

10) Modifícase el inciso segundo del artículo 206 de la siguiente forma:

a) Sustitúyese, en el párrafo primero, la frase "dentro de los noventa días siguientes a la publicación del mencionado decreto", por la siguiente: "dentro del plazo previsto en el artículo siguiente".

b) Intercálase, en el párrafo tercero, entre la expresión "cada Institución de Salud Previsional" y el punto seguido, la frase ", conjuntamente con los montos resultantes de la verificación realizada de conformidad al artículo 206 bis.".

11) Agrégase a continuación del artículo 206, el siguiente artículo 206 bis, nuevo:

"**Artículo 206 bis.-** La Superintendencia de Salud, a través de la Intendencia de Fondos y Seguros Previsionales de Salud, verificará el precio que las Isapres cobrarán por las Garantías Explícitas de Salud, de conformidad al siguiente procedimiento:

a) En el plazo de quince días corridos contado desde la publicación del decreto que contemple o modifique las Garantías Explícitas de Salud, las Isapres deberán informar a la Superintendencia de Salud los precios que cobrarán por dichas garantías a sus afiliados. En dicha comunicación, las Isapres deberán señalar y justificar el precio que cobrarán por las Garantías Explícitas de Salud y acompañarán todos los antecedentes técnicos que sirven de base para el cálculo.

La Superintendencia de Salud mediante circular dictada al efecto, determinará la información, así como la forma de presentar cada uno de los antecedentes técnicos antes indicados.

b) Con tales antecedentes, la Superintendencia de Salud verificará el precio que corresponde a cada Isapre.

La verificación de los precios informados por las Isapres deberá considerar la variación de los costos de las prestaciones de salud, y la variación de la frecuencia de uso experimentada por ellas. Asimismo, deberá observar el costo de las prestaciones incluidas en las canastas de Garantías Explícitas de Salud, la tasa de uso efectivo de tales Garantías por parte de los beneficiarios, y el estudio de verificación de costos regulado en la ley N° 19.996, que establece un Régimen de Garantías en Salud.

c) El Superintendente de Salud dictará una resolución que contendrá la verificación de los precios informados por las Isapres y el precio que cobrará cada una de ellas por las Garantías Explícitas de Salud a sus afiliados, dentro del plazo de treinta días corridos contado desde la publicación del decreto a que hace referencia la letra a). Dicha resolución deberá publicarse en el Diario Oficial y en la página web de la Superintendencia de Salud.

Los precios que cobrarán las Isapres por las Garantías Explícitas de Salud así fijados se entenderán justificados para todos los efectos legales. Estos precios entrarán en vigencia junto con el decreto que hace referencia el literal a)".

12) Modifícase el artículo 226 de la siguiente forma:

a) Agrégase, en el numeral 3 del inciso primero, el siguiente párrafo segundo, nuevo, pasando el actual párrafo segundo a ser párrafo tercero:

"Se preferirá a los prestadores no relacionados, para cuya determinación se estará a la definición de persona relacionada establecida en el artículo 100 de la ley N° 18.045.".

b) Reemplázase, en el inciso penúltimo, la expresión "la procedimiento concursal" por "el procedimiento concursal".

Artículo 2°.- La Superintendencia de Salud determinará, por medio de una circular dictada especialmente para estos efectos, el modo de hacer efectiva la adecuación del precio final de todos los contratos de salud previsional a los que las Instituciones de Salud Previsional aplicaron una tabla de factores elaboradas por ellas mismas y distinta a la Tabla Única de Factores establecida por la Superintendencia de Salud.

Dicha circular contendrá, al menos, las siguientes instrucciones para las Instituciones de Salud Previsional:

1) La obligación de adecuar el precio final de todos los contratos previsionales de salud que se encontraban vigentes al 1° de diciembre de 2022 y que no empleaban la Tabla Única de Factores contenida en la Circular IF/N° 343, de 11 de diciembre de 2019, de la Superintendencia de Salud.

Esta adecuación no podrá importar un alza del precio final de los contratos vigentes.

La obligación de adecuar tampoco podrá importar una reducción del precio pactado de los contratos bajo el valor de la cotización legal obligatoria vigente al momento en que fue calculada la adecuación del precio final. El valor de la cotización legal obligatoria se calculará sobre el monto promedio de los últimos seis meses de la remuneración, renta o pensión según sea el caso, contados desde el cálculo de la adecuación. Si, al momento de aplicar la adecuación señalada en este numeral, la persona afiliada contaba con un contrato previsional de salud con un precio pactado inferior a su cotización legal, el procedimiento de adecuación no podrá importar una modificación de dicho precio.

Esta adecuación se realizará simultáneamente con el ajuste al que hace referencia el artículo 9° de la presente ley.

2) La obligación de informar a la Superintendencia de Salud todos los contratos que, con ocasión de la aplicación del numeral precedente, resulten con un precio final inferior al cobrado y percibido por la Institución respectiva, debiendo señalar esas diferencias en unidades de fomento, por cada uno de ellos.

3) La obligación de restituir, en los términos consignados en los artículos 3° y siguientes, las cantidades percibidas en exceso por las Instituciones de Salud Previsional, desde el 1° de abril de 2020, producto del procedimiento de adecuación de tabla de factores. La restitución no considerará los montos por concepto de excedentes de conformidad al artículo 188 del decreto con fuerza de ley N° 1, promulgado en 2005 y publicado en 2006, del Ministerio de Salud, que, en el período en cuestión ya fueron devueltos, renunciados o requeridos por las personas afiliadas para los fines establecidos en el referido artículo. Lo no devuelto, renunciado o requerido por las personas afiliadas, debe ser restituido íntegramente.

4) La obligación de restituir, en los términos consignados en los artículos 3° y siguientes, las cantidades percibidas por las Instituciones de Salud Previsional por concepto de cobro de cargas no natas y menores de dos años de edad, desde el 1° de diciembre de 2022. Estos cobros no podrán ser exigidos o realizados de manera retroactiva, una vez que la persona beneficiaria cumpla dos años de edad.

Calculado el precio final de los contratos de conformidad al numeral 1) anterior, las Instituciones de Salud Previsional sólo podrán realizar un alza del precio final de dichos contratos cuando se funde en la incorporación de nuevas cargas o personas beneficiarias y la suma de los factores de riesgo del grupo familiar allí previstos así lo determine, alza cuyo cobro se suspenderá hasta que la nueva persona beneficiaria cumpla dos años de edad.

Lo referido en el presente artículo es sin perjuicio de las adecuaciones de precios que legalmente correspondan de conformidad a esta ley y al decreto con fuerza de ley N° 1, promulgado en 2005 y publicado en 2006, del Ministerio de Salud, así como la obligación de enterar la cotización establecida en el artículo 84 del decreto ley N° 3.500, de 1980.

La circular a que se refiere el presente artículo también deberá indicar la forma y plazo en que las Instituciones Previsionales de Salud notificarán a las personas afiliadas de los cambios efectuados en los contratos de salud producto de la adecuación señalada en el numeral 1), así como cualquier otra medida que la Superintendencia de Salud estime pertinente.

Artículo 3°.- Dentro del plazo de un mes contado desde la publicación de la circular mencionada en el artículo anterior, prorrogable por una única vez por un mes, las Instituciones de Salud Previsional deberán presentar a la Superintendencia de Salud un plan de pago y ajustes, el cual deberá incluir, al menos, lo siguiente:

a) Una propuesta de devolución de la deuda que resulte de la aplicación de las reglas contenidas en el artículo anterior, para cada mes en que se ocupó una tabla distinta a la Tabla Única de Factores contenida en la Circular IF/N° 343, de 11 de diciembre de 2019, de la Superintendencia de Salud. Esta propuesta deberá contener, al menos, el número de contratos afectos a devolución; los montos a devolver a cada persona afiliada por contrato de salud, expresados en unidades de fomento; el plazo máximo de devolución; las modalidades de devolución; propuestas de compensación, si procedieren, y todos los antecedentes que den cuenta de la valorización de la deuda.

b) Una propuesta de reducción de costos de la Institución. Esta propuesta deberá incluir, al menos, un sistema de pago eficiente hacia los prestadores y una política de transparencia de los gastos para los afiliados.

c) Una propuesta para incorporar en todos los contratos que administre la Institución, una prima extraordinaria por beneficiario, correspondiente al monto necesario para cubrir el costo de las obligaciones con sus personas afiliadas, correspondientes a prestaciones, licencias médicas, excesos y excedentes de cotización, entre otros. Asimismo, deberá considerar los costos operacionales y no operacionales que permiten el cumplimiento de los contratos de salud, incluyendo, además, las medidas de contención de costos propuestas en el mismo plan.

Respecto a la propuesta señalada en el literal a) anterior, el plazo de devolución de la deuda podrá ser de hasta trece años. Con todo, la propuesta deberá contemplar mecanismos a fin de que la deuda de las personas mayores de ochenta años de edad sea pagada íntegramente dentro de los primeros veinticuatro meses de implementación del plan de pago y ajustes; y que la deuda de las personas de sesenta y cinco años o más sea pagada dentro de los primeros sesenta meses.

Respecto a los montos adeudados, las Instituciones de Salud Previsional podrán ofrecer devolver dichos montos a las personas afiliadas en forma de excedentes, pudiendo ellas requerirlos para los fines previstos en el inciso cuarto del artículo 188 del decreto con fuerza de ley N° 1, promulgado en 2005 y publicado en 2006, del Ministerio de Salud. Para estos efectos, la deuda se devengará en cuotas mensuales que se reconocerán en la cuenta corriente a que se refiere el artículo 5°.

Alternativamente, las Instituciones de Salud Previsional siempre podrán ofrecer acelerar el pago de la deuda y pagar parcialmente o la totalidad de la deuda en efectivo directamente a las personas cotizantes. El o la cotizante podrá solicitar, a su voluntad, el pago anticipado de la deuda o una parte de ella y, para estos efectos, podrá transigir con la Institución de Salud Previsional mediante un pago único acordado entre las partes, cuyo monto corresponderá al saldo insoluto, total o parcial, de la deuda menos una tasa de descuento por la preferencia temporal de pago. La tasa de descuento no podrá superar el equivalente a la tasa de interés máxima convencional vigente al momento de celebrar el acuerdo. En el evento que las Instituciones de Salud Previsional pretendan utilizar este mecanismo, deberán informarlo en el plan de pago y ajustes. Si el o la cotizante y la Institución respectiva celebraran un acuerdo de esta índole, la Institución de Salud Previsional deberá informar a la Superintendencia dentro del plazo de cinco días hábiles contados desde la fecha de celebración del acuerdo.

Respecto de la prima establecida en el literal c) anterior, ésta no podrá considerar el déficit que pudiese haber presentado la Institución de Salud Previsional con anterioridad al 30 de noviembre de 2022. Asimismo, la referida prima no podrá implicar un alza mayor a un 10% por contrato respecto de la cotización para salud descontada de las remuneraciones, pensiones y rentas afectas a aquellas, correspondiente al mes de julio de 2023 o al momento de la aplicación de la prima extraordinaria si el contrato fuese posterior a dicha fecha. En el caso de cotizantes independientes y voluntarios, la prima no podrá implicar un alza mayor al 10% por contrato respecto de la cotización pactada en el mes de julio de 2023 o al momento de la aplicación de la prima extraordinaria si el contrato fuese posterior a dicha fecha.

La Superintendencia de Salud, previa revisión del cumplimiento de los contenidos mínimos del plan respectivo, lo remitirá dentro del plazo de cinco días al Consejo Consultivo sobre Seguros Previsionales, el que tendrá treinta días para emitir una recomendación fundada por plan presentado por cada Institución de Salud Previsional.

Cumplido el plazo señalado en el inciso anterior y considerando la recomendación del Consejo, la Superintendencia deberá pronunciarse fundadamente sobre el plan respectivo, aprobándolo o instruyendo cambios necesarios para su aprobación, dentro del plazo de diez días contado desde que recibió la respectiva recomendación del Consejo. En contra de esta resolución no procederá recurso alguno.

En el evento que la Superintendencia de Salud instruya cambios al plan, la Institución de Salud Previsional deberá presentar un nuevo plan con las modificaciones correspondientes, en un plazo de treinta días contados desde la notificación del acto administrativo que instruye las modificaciones. Recibido el nuevo plan de pago y ajustes, la Superintendencia deberá remitirlo dentro del segundo día hábil al Consejo Consultivo sobre Seguros Previsionales, el que tendrá un plazo de diez días para entregar su recomendación. La Superintendencia se pronunciará sobre este nuevo plan, aprobándolo o rechazándolo. En contra de la resolución que lo rechace procederán los recursos de reposición y jerárquico de conformidad al artículo 113 del decreto con fuerza de ley N° 1, promulgado en 2005 y publicado en 2006, del Ministerio de Salud.

Si la Superintendencia rechaza el plan modificado, deberá fijar un plan de pago y ajustes, previa consulta al Consejo Consultivo sobre Seguros Previsionales, dentro del plazo de treinta días. En este caso, la Superintendencia podrá sujetar a la Institución de Salud Previsional al régimen especial de supervigilancia y control que establece el artículo 221 del decreto con fuerza de ley N° 1, promulgado en 2005 y publicado en 2006, del Ministerio de Salud, con las mismas facultades allí indicadas.

La aprobación del plan de pago y ajustes por la Superintendencia constará en una resolución que deberá, al menos, explicitar el plazo máximo de devolución, las cuotas de devolución, las condiciones conforme a las cuales la Institución de Salud Previsional respectiva hará las restituciones de los montos adeudados, y la manera en que se notificará a cada persona.

El incumplimiento, cumplimiento tardío o parcial en la entrega del plan de pago y ajustes, o en la ejecución de éste, se sancionará de acuerdo con lo establecido en el Capítulo VII del Libro I del decreto con fuerza de ley N° 1, promulgado en 2005 y publicado en 2006, del Ministerio de Salud. Lo anterior, sin perjuicio que, en el caso de incumplimiento de la ejecución del respectivo plan, la Superintendencia podrá establecer directamente un plan de pago y ajustes, de conformidad a las reglas establecidas en el inciso noveno.

En caso de retraso de una o más cuotas del plan de pago aprobado por la Superintendencia de Salud, se devengará el interés promedio pagado por los bancos en operaciones reajustables de no más de un año, según lo informado por el Banco Central de Chile en el respectivo periodo.

Artículo 4°.- En la oportunidad y forma en que se comunique la aplicación de la prima extraordinaria, la Institución de Salud

Previsional deberá ofrecer uno o más planes alternativos cuyo precio pactado sea equivalente al vigente, a menos que se trate del precio del plan mínimo que ella ofrezca. Para estos efectos operará lo dispuesto en el artículo 197 del decreto con fuerza de ley N° 1, de 2005, del Ministerio de Salud.

Dentro de los seis meses siguientes a la aplicación de la prima extraordinaria, las personas afiliadas afectas a ella podrán solicitar a su Institución de Salud Previsional cambiarse a alguno de los planes que les sean ofrecidos, para lo cual no se les podrá exigir suscribir una nueva declaración de salud y operará la entregada al momento de suscribir el contrato que se le aplicó la prima extraordinaria.

Artículo 5°.- Las deudas contenidas en los planes de pago y ajustes, señalados en el artículo 3° y que son aprobados por la Superintendencia, se reconocerán en una cuenta corriente individual que las Instituciones de Salud Previsional deberán abrir en favor de cada persona afiliada especialmente para este fin, y que estará claramente diferenciada para todos los efectos contables de aquellos excedentes que se generen de conformidad a lo dispuesto en el artículo 188 del decreto con fuerza de ley N° 1, promulgado en 2005 y publicado en 2006, del Ministerio de Salud, sin perjuicio de recibir el mismo tratamiento definido en ese artículo, en lo que no contravenga las disposiciones de esta ley.

Esta cuenta no podrá ser cerrada sino hasta el pago total de la deuda y las Instituciones de Salud Previsional no podrán, en ningún caso, cobrar por la mantención de dicha cuenta a las personas afiliadas.

La deuda se devengará mensualmente, debiendo la Institución de Salud Previsional poner a disposición en la cuenta de la persona afiliada la cuota de la deuda que corresponda según el plazo de devolución previsto en el plan de pago y ajustes.

Los fondos acumulados en la referida cuenta se reajustarán de acuerdo con la variación que experimente el Índice de Precios al Consumidor, sin devengar intereses. Para ello, la Institución de Salud Previsional deberá, cada seis meses, poner a disposición dicho reajuste en la cuenta de la persona afiliada.

Las deudas que cada Institución de Salud Previsional informe en su plan de pago y ajustes no serán consideradas en la garantía que éstas deben mantener en alguna entidad autorizada equivalente al monto de las obligaciones asumidas, de conformidad a lo dispuesto en el artículo 181 del decreto con fuerza de ley N° 1, promulgado en 2005 y publicado en 2006, del Ministerio de Salud. Asimismo, no serán consideradas para el cálculo de los indicadores de los artículos 178 y 180; ni tampoco para la determinación del patrimonio mínimo establecido en el artículo 178 del mismo cuerpo legal.

En el evento que se ponga término al contrato de salud entre la persona afiliada y la Institución de Salud Previsional con la que mantiene un crédito de los informados en el plan de pago y ajustes del artículo 3°, dicha Institución deberá continuar poniendo a disposición en la cuenta de la persona afiliada la cuota de la deuda que corresponda según el plan de pago y ajustes. Esta regla se aplicará cada vez que la persona migre a otra Institución Previsional de Salud o al Fondo Nacional de Salud, hasta el pago total de la deuda.

De producirse la cancelación del registro de una Institución de Salud Previsional, el eventual remanente impago de las deudas generadas por la adecuación del precio final de los planes será pagado en el sexto orden de prelación como crédito de primera clase, de conformidad a lo dispuesto en el número 6 del artículo 2472 del Libro Cuarto del Código Civil.

Artículo 6°.- Las Instituciones de Salud Previsional podrán realizar repartición de dividendo o distribución de utilidades sólo si han pagado la totalidad de la deuda de las cantidades percibidas en exceso a que se refiere el artículo anterior y habiéndose certificado dicha circunstancia previamente por la Superintendencia de Salud.

Para ello, la Institución de Salud Previsional deberá informar a la Superintendencia de Salud del cumplimiento total del pago de las cantidades percibidas en exceso, acompañando todos los antecedentes que den cuenta de ello, debiendo la Superintendencia certificar el cumplimiento en un plazo de 10 días hábiles, contados desde la fecha de recepción de la comunicación de la Institución con los antecedentes respectivos.

Si la Superintendencia tomare conocimiento de que una Institución de Salud Previsional, en sesión o junta, sea esta ordinaria o extraordinaria, aprobó realizar una repartición de dividendos o distribución de utilidades, sin existir la debida certificación del pago total de las cantidades percibidas en exceso, podrá imponer una de las siguientes sanciones:

a) Multa a beneficio fiscal del 10% al 20% del valor de los dividendos o las utilidades que se acordaron distribuir, en el caso que aquellos no hayan alcanzado a ser distribuidos.

b) Multa a beneficio fiscal del 25% al 35% del valor de los dividendos o utilidades distribuidos, en caso de que la operación se haya perfeccionado.

Para la determinación específica de la multa que corresponda aplicar, se considerará el número de personas afiliadas cuya deuda aún no ha sido pagada en su totalidad; el riesgo ocasionado a la seguridad del sistema previsional; el beneficio económico obtenido con motivo de la infracción; la intencionalidad en la comisión de la infracción; la capacidad económica del infractor; la colaboración del infractor; haber sido sancionado previamente por las infracciones señaladas en este artículo, y todo otro criterio que a juicio fundado de la Superintendencia sea relevante para la determinación de la sanción.

Previa aplicación de la sanción, la Superintendencia deberá notificar los cargos a la Institución de Salud Previsional afectada, la que tendrá un plazo de diez días hábiles para formular sus descargos. Transcurrido dicho plazo, con los descargos o sin ellos, el Intendente de Fondos y Seguros Previsionales de salud dictará una resolución fundada resolviendo la materia.

Durante el procedimiento administrativo señalado en el inciso anterior, la Superintendencia podrá dictar las medidas provisionales que estime oportunas para asegurar la eficacia de la decisión, si existiesen elementos de juicio suficientes para ello. En este sentido, podrá ordenar a las instituciones bancarias o entidades financieras que correspondan la retención de los dineros o depósitos de las Instituciones y la prohibición de realizar transacciones de acciones, bonos o debentures. Asimismo, podrá decretar cualquier medida necesaria para evitar el uso, aprovechamiento, beneficio o destino de cualquier clase de bienes, valores o dineros de la Institución.

En los casos de urgencia, para evitar la consolidación de las situaciones jurídicas derivadas de la infracción, las medidas provisionales señaladas en el inciso anterior podrán ser dictadas antes de la iniciación del procedimiento administrativo señalado en el inciso sexto de este artículo. Estas medidas deberán ser confirmadas, modificadas o levantadas por la Superintendencia en la iniciación del procedimiento, que deberá efectuarse dentro de los diez días hábiles siguientes a su adopción. Las medidas quedarán sin efecto si no se inicia el procedimiento dentro de dicho plazo.

Las medidas provisionales podrán ser alzadas o modificadas durante la tramitación del procedimiento, en virtud de circunstancias sobrevinientes o que no pudieron ser tenidas en cuenta en el momento de su adopción. En todo caso, éstas se extinguirán con la eficacia de la resolución administrativa que ponga fin al procedimiento correspondiente. En caso de que se hayan ordenados retenciones, la resolución que ordena la multa, además, ordenará la restitución de los dineros a la Institución de Salud Previsional infractora.

En contra de las resoluciones señaladas en este artículo que imponen una sanción o que dictan una medida provisional, podrán interponerse los recursos y reclamaciones que establece el artículo 113 del decreto con fuerza de ley N° 1, promulgado en 2005 y publicado en 2006, del Ministerio de Salud.

La repartición de dividendos o el retiro de utilidades que se realicen sin la correspondiente certificación serán nulas de pleno derecho y darán lugar a la responsabilidad personal de los administradores y directivos de la Institución de Salud Previsional, así como de quienes hayan percibido dividendos o utilidades, de forma solidaria con la Institución.

Artículo 7°.- La entrega maliciosa de información falsa o incompleta sobre el cumplimiento de los planes de pago y ajustes será penada con presidio menor en su grado medio. Si la entrega de información falsa o incompleta se realizare para la obtención de la certificación referida en el artículo anterior, la pena será de presidio menor en su grado máximo. Con igual pena se sancionará la coacción para la obtención de dicha certificación.

El que, dentro del año anterior al incumplimiento de un plan de pago y ajustes, conociendo el mal estado de sus negocios o con ignorancia inexcusable sobre el mal estado de sus negocios, realizare algún acto en una Institución de Salud Previsional manifiestamente contrario a las exigencias de una administración racional del patrimonio, será castigado con la pena de presidio menor en su grado máximo. Si el acto contribuyere a desmejorar la situación patrimonial o financiera de la Institución y se realizare dentro de los dos años anteriores a la resolución de reorganización o liquidación, o durante el tiempo que medie entre la notificación de la demanda de liquidación forzosa y la dictación de la respectiva resolución, la pena aumentará en un grado.

Los delitos señalados en los incisos precedentes serán considerados delitos de primera categoría, de conformidad con el artículo 1 de la ley N° 21.595, sobre delitos económicos.

Artículo 8°.- Mientras se encuentre vigente el plan de pago y ajustes, y en la medida que se haya informado a la Superintendencia de dicho plan, las Instituciones de Salud Previsional podrán ofrecer a las personas afiliadas títulos representativos de deuda a largo plazo por el total de lo adeudado o por el saldo aun no reconocido en la cuenta de excedentes referida en el artículo 3. Con todo, el plazo de estos títulos no podrá ser superior al plazo de devolución previsto en dicho plan y deberán emitirse siempre caucionados. En ningún caso las personas afiliadas estarán obligadas a aceptar títulos representativos de deuda. Estos títulos se regirán por lo dispuesto en la ley N°18.045, Ley de Mercado de Valores.

Artículo 9°.- Sin perjuicio de lo dispuesto en el inciso octavo del artículo 188 del decreto con fuerza de ley N° 1, promulgado en 2005 y publicado en 2006, del Ministerio de Salud, de forma excepcional y por una sola vez, todos aquellos contratos de salud que tengan un precio pactado que sea inferior a la cotización legal obligatoria, se ajustarán al valor de dicha cotización.

Este ajuste se realizará previa instrucción de la Superintendencia de Salud, la que podrá estar incluida en la circular que trata el artículo 2° de la presente ley u otra distinta.

Respecto de los contratos de salud que sus precios finales hayan sido o deban ser adecuados de conformidad al artículo 2° de la presente ley, este ajuste operará sobre el valor del plan obtenido al aplicar lo dispuesto en el numeral 1) de dicho artículo.

Previo a hacer efectivo el ajuste, la Institución de Salud Previsional deberá ofrecer a la persona afiliada nuevos beneficios. Asimismo, ofrecerá los planes alternativos cuyo precio pactado sea más cercano al valor de su cotización legal para salud y hayan sido comercializados dentro de los seis meses anteriores al ofrecimiento. Las condiciones generales de cada plan de salud ofrecido deberán ser las mismas que se estén ofreciendo a esa fecha a los nuevos contratantes del respectivo plan y no podrán importar una discriminación entre dichos afiliados.

Para lo anterior, las Instituciones de Salud Previsional notificarán el ajuste a todas las personas afiliadas afectadas, dentro del plazo y en la forma que disponga la Superintendencia en la respectiva circular. En la misma oportunidad y forma, deberán informar de los beneficios y planes alternativos mencionados en el inciso anterior.

La persona afiliada podrá optar por mantener su plan ajustado al nuevo valor con los beneficios ofrecidos, aceptar alguno de los planes alternativos, o bien desafiliarse de la Institución de Salud Previsional. En el evento de que nada diga, se entenderá que la persona acepta mantener su plan con los nuevos beneficios propuestos por la Institución.

Con todo, dentro de los seis meses siguientes a la notificación, las personas afiliadas podrán solicitar cambiarse a alguno de los planes que les fueran ofrecidos por su Institución de Salud Previsional, para lo cual no se les podrá exigir una nueva declaración de salud, manteniéndose la entregada al momento de celebrar el contrato que fue ajustado.

Artículo 10.- Para los contratos afectos al numeral 1) del artículo 2° de esta ley, las modificaciones a los precios bases de los planes de salud realizados de conformidad a los artículos 197 y 198 del decreto con fuerza de ley N° 1, promulgado en 2005 y publicado en 2006, del Ministerio de Salud, se aplicarán en lo sucesivo sobre el precio final.

Para estos efectos, el precio final de los contratos indicados en el inciso anterior será el precio pactado menos el precio cobrado por las Garantías Explícitas y el valor que las Instituciones de Salud Previsional cobren por eventuales beneficios adicionales pactados.

Artículo 11.- La Superintendencia de Salud fiscalizará todo aspecto que resguarde la correcta aplicación de los artículos 2° y siguientes de la presente ley. Para el cumplimiento de esta función, podrá requerir toda la información financiera, contable y operativa a las Instituciones de Salud Previsional y podrá tratar datos personales, para lo cual podrá requerir al Fondo Nacional de Salud, Ministerio de Salud y demás organismos públicos, instituciones privadas de salud y prestadores de salud, toda información agregada o desagregada, registro o dato que sea necesario. Los datos personales que sean obtenidos en este proceso estarán bajo la protección que establece la ley N° 19.628, sobre protección de la vida privada.

En el evento que las instituciones privadas señaladas en el inciso anterior no remitan la información dentro de los plazos establecidos por la Superintendencia de Salud o retarden injustificadamente su entrega, podrán ser sancionadas con las multas establecidas en los artículos 121, número 11, y 220 del decreto con fuerza de ley N° 1, promulgado en 2005 y publicado en 2006, del Ministerio de Salud.

Artículo 12.- La Superintendencia de Salud deberá dictar una circular con normas que garanticen el acceso a la información contenida en esta ley. Dichas normas deberán obedecer a los criterios de accesibilidad, efectividad, inclusividad y antidiscriminación, los cuales regirán a las instituciones previsionales de salud.

DISPOSICIONES TRANSITORIAS

Artículo primero.- La resolución a la que se refiere el artículo 144 ter del decreto con fuerza de ley N° 1, promulgado en 2005 y publicado en 2006, del Ministerio de Salud, deberá ser dictada por el Ministerio de Salud y suscrita además por el Ministerio de Hacienda dentro del plazo de tres meses contado desde la publicación de esta ley.

Artículo segundo.- La circular que debe emitir la Superintendencia de Salud de conformidad al artículo 2° de la presente ley, deberá dictarse dentro de los diez días siguientes de publicada esta ley.

Artículo tercero.- Para efectos del cumplimiento de lo establecido en el artículo 3° de la presente ley, el Consejo creado por el artículo 130 bis del decreto con fuerza de ley N° 1, de 2005, del Ministerio de Salud, deberá sesionar las veces que sea necesario para dar cumplimento a los plazos prescritos en el referido artículo 3°. Para ello, el Consejo podrá autoconvocarse y deberá cumplir con el quórum señalado en el artículo 130 octies del decreto con fuerza de ley N° 1, de 2005, del Ministerio de Salud.

Para la designación de los integrantes de este Consejo, dentro de los siete días siguientes a la publicación de esta ley, el Presidente de la República deberá proponer al Congreso Nacional, en una sola nómina, cuatro integrantes del referido Consejo.

Dicha nómina deberá ser aprobada por mayoría de los miembros presentes de la Cámara de Diputados en votación única y dentro del plazo de siete días contado desde el envío de la nómina a dicha Cámara. Posteriormente, aquella deberá ser ratificada por el Senado en votación única con el mismo quórum y dentro del mismo plazo.

En caso de que ambas o alguna de las Cámaras no se pronunciare dentro del plazo señalado, se entenderá que aprueban la proposición del Presidente. En caso de que ambas o alguna de las Cámaras rechace la nómina propuesta, el Presidente de la República deberá proponer, dentro del plazo de siete días contados desde la comunicación del rechazo, una nueva nómina que se regirá por la misma regla señalada en el inciso anterior.

El quinto integrante del Consejo será designado por el Presidente de la República una vez que hayan sido aprobados y ratificados los otros cuatro integrantes por ambas Cámaras del Congreso Nacional, a más tardar dentro del plazo de siete días contado desde la comunicación de la aprobación y ratificación de los otros integrantes.

Conformado el Consejo, el Presidente de la República comunicará su integración al Superintendente de Salud, quien deberá convocar la primera sesión del Consejo dentro de los veinte días siguientes desde que se le comunica su conformación. El Consejo funcionará conforme a las normas que acuerde por mayoría simple en su primera sesión.

Al Consejo se le aplicarán íntegramente las normas del Capítulo VIII del Libro I del decreto con fuerza de ley N° 1, de 2005, del Ministerio de Salud.

Artículo cuarto.- El artículo 144 quáter del decreto con fuerza de ley N°1, de 2005, del Ministerio de Salud incorporado por el numeral 5) del artículo 1°, entrará en vigencia a contar del tercer año de la publicación de esta ley. Previo a ello, la Modalidad de Cobertura Complementaria no incluirá al seguro catastrófico, y los inscritos en la modalidad no adquirirán derecho alguno sobre tal protección financiera especial.

Artículo quinto.- En el evento que una persona afiliada haya puesto término a su contrato de salud con una Institución de Salud Previsional con anterioridad a la publicación de esta ley, y que de conformidad a lo informado por dicha Institución en su plan de pago y ajustes tenga un crédito a su favor, para dar cumplimiento a lo dispuesto en el artículo 5° de la presente ley, ésta deberá abrir una cuenta a nombre de la persona que estuvo afiliada y sujetarse a las reglas de dicha disposición.

Artículo sexto.- A las personas afiliadas y beneficiarias de una Institución de Salud Previsional que no haya pagado la totalidad de la deuda informada en su plan de pago y ajustes, que por aplicación del artículo 225 del decreto con fuerza de ley N° 1, promulgado en 2005 y publicado en 2006, del Ministerio de Salud, queden afectas al Régimen que se refiere el Libro II de dicho decreto con fuerza de ley, y que estén recibiendo una o más prestaciones con las Garantías Explícitas en Salud establecidas en el decreto supremo a que se refiere el artículo 11 de la ley N° 19.966 que establece un régimen de Garantías en Salud, el Fondo Nacional de Salud autorizará, a su cargo, la continuidad del otorgamiento de la intervención sanitaria que estuviere en curso, sin necesidad de una nueva confirmación diagnóstica, asignándole un prestador para tales efectos.

Una vez otorgada la o las prestaciones autorizadas por el Fondo Nacional de Salud, el prestador de salud que la hubiese realizado derivará a la persona beneficiaria a la Red Asistencial, en el nivel de atención correspondiente.

Los plazos asociados a garantías de oportunidad que estuvieren corriendo al momento en que el beneficiario quedare afecto al Régimen al que se refiere el Libro II del decreto con fuerza de ley N° 1, promulgado en 2005 y publicado en 2006, seguirán corriendo sin interrupción.

Artículo séptimo.- A las personas afiliadas y beneficiarias de una Institución de Salud Previsional que no haya pagado la totalidad de la deuda informada en su plan de pago y ajustes, que por aplicación del artículo 225 del decreto con fuerza de ley N° 1, de 2005, del Ministerio de Salud, queden afectas al Régimen que se refiere el Libro II de dicho decreto con fuerza de ley, y que por sentencia firme y ejecutoriada dictada por un tribunal de justicia o por la Superintendencia de Salud, tengan derecho a la cobertura financiera de una o más prestaciones de salud determinadas con cargo a su Institución de Salud Previsional, el Fondo Nacional de

Salud dará continuidad al otorgamiento y cobertura de dichas prestaciones en la forma indicada en dicho pronunciamiento.

Artículo octavo.- Respecto de las personas afiliadas y beneficiarias de una Institución de Salud Previsional a las que ésta no haya pagado la totalidad de la deuda informada en su plan de pago y ajustes, que por aplicación del artículo 225 del decreto con fuerza de ley N° 1, de 2005, del Ministerio de Salud, queden afectas al Régimen que se refiere el Libro II de dicho decreto con fuerza de ley, y que de conformidad al plan de salud que tenían en su Institución de Salud Previsional cuentan con una cobertura adicional para enfermedades catastróficas, y que al tiempo de la cancelación del registro hayan solicitado expresamente a la Institución esta cobertura, el Fondo Nacional de Salud dará continuidad al tratamiento, y mantendrá el prestador o lo derivará a otro que asegure condiciones sanitarias similares. Para estos efectos el Fondo podrá celebrar los convenios correspondientes.

Artículo noveno.- La Superintendencia de Salud informará al Fondo Nacional de Salud acerca de aquellas personas que se encuentran en las situaciones descritas en los artículos sexto, séptimo y octavo, transitorios, de la presente ley.

Artículo décimo.- Dentro del período legislativo del Congreso Nacional correspondiente al año 2024, el Presidente de la República deberá enviar al Congreso Nacional uno o más proyectos de ley destinados a reformar el sistema de salud en su conjunto, a fin de profundizar los principios de seguridad social en salud y fortalecer las competencias del Fondo Nacional de Salud y de la Superintendencia de Salud.

Sin perjuicio de lo anterior, antes del 1 de octubre de 2024, el Presidente de la República deberá enviar al Congreso Nacional uno o más proyectos de ley destinados a eliminar las preexistencias de que trata el artículo 190 del decreto con fuerza de ley N° 1, promulgado en 2005 y publicado en 2006, del Ministerio de Salud; así como a eliminar las discriminaciones por edad y sexo, y los mecanismos que permitan su viabilidad, tanto para la afiliación a las Instituciones de Salud Previsional como para restricciones o exclusiones de beneficios dentro de los planes complementarios de salud.

Artículo undécimo.- Excepcionalmente, el proceso de adecuación de precios base a que se refieren los artículos 197, 198 y 198 bis del decreto con fuerza de ley N° 1, de 2005, del Ministerio de Salud, estará asimismo sujeto al numeral primero del artículo 95 de la ley N°21.647, que otorga reajuste general de remuneraciones a las y los trabajadores del sector público, concede aguinaldos que señala, concede otros beneficios que indica y modifica diversos cuerpos legales, durante los años 2025, 2026 y 2027 o hasta que se modifique o reemplace la normativa vigente, en caso que esto acontezca con anterioridad al proceso de adecuación del precio base correspondiente al año 2027.

Artículo duodécimo.- Auméntase la dotación máxima de personal del Fondo Nacional de Salud en 26 cupos.

Artículo décimotercero.- El mayor gasto fiscal que signifique la aplicación de esta ley en su primer año presupuestario de vigencia se financiará con cargo al presupuesto vigente de la partida presupuestaria del Ministerio de Salud. No obstante lo anterior, el Ministerio de Hacienda podrá suplementar dichos presupuestos con cargo a la partida presupuestaria del Tesoro Público en lo que faltare. Para los años posteriores, el gasto se financiará con cargo a los recursos que se contemplen en las respectivas leyes de Presupuestos del Sector Público.